本物には愛がある

黒柳徹子

PHP文庫

○本表紙図柄＝ロゼッタ・ストーン（大英博物館蔵）
○本表紙デザイン＋紋章＝上田晃郷

人間が本当に優《やさ》しかったり、
愛に満ちていたりしないと、
いい俳優《はいゆう》にはなれないってことが、
いろいろな人に会ってわかってきました。
やっぱり根底に深い人間愛とか、
そういうものがないと。

本物には愛がある——目次

第一章

志高く生きる

第二章

テレビ女優への道

第三章

生放送の現場で

第四章

情熱がなければ伝わらない

第五章

人間はみんな一緒なんだよ

本文の内容や本文に登場する年齢・年数などは、インタビュー当時（二〇一一年）のものですが、巻末の「一〇〇年後のみなさんへ」については、単行本刊行時（二〇一四年）のものです。

第一章

志高く生きる

◆時間は作るもの

——黒柳徹子《くろやなぎてつこ》さんは、バイオリニストのお父様の長女として東京で生まれ、音楽学校では声楽を学び、テレビ女優《じょゆう》第一号としてデビュー以来、半世紀以上にわたってテレビの第一線で活躍《かつやく》。さらに舞台《ぶたい》女優、ユニセフの親善《しんぜん》大使としても、本当に息の長い活動を続けていらっしゃいます。今日は黒柳さんにお話を伺《うかが》ってまいります。黒柳さん、どうぞ。

まあここまで、長い道のりでございましたわ。

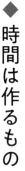

よろしくお願いいたします。

――黒柳さんというと、ボリュームのあるヘアスタイルと豪華《ごうか》なドレスというイメージですが。

どちらかと言うと、そんな派手なものが好きなわけじゃないんですよ、普《ふ》段《だん》はね。

おしゃれをするときには、派手っていえば派手ですけど、番組上、こういう感じのものがいいかなと思って、これを着てまいりました。

――このセンス、お母様ゆずりだと伺っていますが？

そうですね。母は疎開《そかい》して何もないときでも、壁にドライフラワーをくっつけたり、いつもおしゃれをしたりする。私が子どものときは、母が縫《ぬ》ったり、編んだりしたものを着ておりましたので、そういう母の趣味《しゅみ》は受けついでいると思います。

ただ、母の趣味は難しくてですね、何かプレゼントしようと思っても「うん、ありがとう」と言っても絶対着ないですから。母の趣味に任せて、私はあまりプレゼントができない。母は自分で縫ったり、貼《は》ったり、くっつけたりするのが好きでしたので、私もそういうところがあります。自分で染めたり、そんなことをいっぱいいたしますけど。

――そんなこともふくめて、たっぷりお話を伺います。「一〇〇年インタビュー」の部屋に、ようこそお越《こ》しいただきましてありがとうございます。

「100年インタビュー」の部屋にようこそ。

おそれいります。まあー、きれいなお部屋ですこと。

びっくりしましたね。「徹子の部屋」よりも、だいぶきれいじゃないかと心配しているんですけど。

――黒柳さんというと、テレビ、舞台、ユニセフなど多方面の活動をされているわけですけど、一週間はどんな流れですか？

まず月曜日と火曜日、「徹子の部屋」を三本ずつ撮《と》っておりまして、合計六本。それは三十六年変わらずですね。

木曜日は「世界ふしぎ発見！」っていう番組を隔週《かくしゅう》で二本ずつ撮っておりまして。あと金曜日に「徹子の部屋」の打ち合わせをいたします。六人分。これがものすごい長時間、お一人に一時間以上はかけて五〜六時間ぶっ続けに。間にごはんを食べたりはするんですけど、だいたい一日かけて打ち合わせをいたしますね。一週間のうち四日間は本番みたいなのをやります。

あとは、ほかの打ち合わせがあったり、インタビューがあったり。それから展覧会やオペラ、バレエ、演奏会に行ったり。そういうものには、たくさん行くようにしております。仕事に直接必要があるような感じなので。

あとは、ブラブラとその辺を。世の中はどんなふうになっているかなっていうのでね、表参道《おもてさんどう》に行ったり、いろいろなところに行きますね。

——そんな時間をとる余裕《よゆう》はあるんですか?

あります。時間というものはね、作ろうと思えば作れるんで。

仕事がちょっと早く終わったときに、そういうところに行くとか、仕事の前に行くとか。

そのほかはですね、「徹子の部屋」は三十六年目に入ったんですけど、五十年までやろうとなっておりますので、私の体力にかかっているところがあるので、一週間にいっぺんくらいはストレッチをするとか、毎晩スクワットをするとかですね。

——睡眠《すいみん》時間はどれくらい？

だいたい七時間はとるように、計算してちゃんと。ずいぶん遅《おそ》くまで本を読んだり、勉強をしたり、宿題が結構あるんですね。家に帰ってからそういうものを全部やるんですが、だから朝早い仕事は、なるべくしないようにしておりまして。で、ゆっくり寝《ね》て、七時間くらいは寝るようにして。

——疲《つか》れに疲れて、すぐに眠《ねむ》れるんですか？

私ね、疲れに疲れてっていう、その疲れるっていうのがあまりないんですね。みんなに「疲れるってどういうの？」って聞くと「不愉快《ふゆかい》だ」って言われるんですけど、「ああ、疲れた」と、ばったり倒《たお》れ込《こ》むみたいに疲れることはないんですね。だから私は、ほどほどにやっているんだなと思うんですけど。

ただ、芝居《しばい》の稽古《けいこ》中はセリフを言って動いたり、いろいろなことをするので家に帰ってすぐに寝たいっていうか、横になりたいとか思ったりしますけど。でもまあ、ちゃんとね、お化粧《けしょう》落としたり、お風呂《ふろ》に入ったりとかね。

お風呂は早いんです、一分くらいですから。

――カラスもびっくりですね。

ちょっとこれはもったいないと思ってね、最近では、お化粧を落としたりするのはお風呂の中でしてとか、少しでも湯船につかるようにして。それで宿題をやり終えたあとはですね、寝つくまで自分の一番見たいと思う、仕事に関係のない映画や番組を見るとか。怖《こわ》いものは、もともと見ません。なるべくロマンチックなものを見るようにして。音楽を聞くときもあります。

それから本を読んだり、次の台本を読んだりもします。わりと、おだやかな感じで。

それで寝ようと決めたら、もうパッと電気を消して、パッと寝るんですね。

――で、パッと寝られますか？

寝ようと決めたときは寝られます。私は仕事を始めて、寝なきゃだめだからっていうことに気がついたので、自分でパッと寝るというふうに開拓《かいたく》したと母に申しましたら、「そう？　でもあなたね、小さいときからそうだったわよ。だから、あなたは火事なんかのときでも、寝ているんじゃないかと思って心配しちゃうのよ」って。そのくらい昔からよく寝ていたんですね。

――健康のためにスクワットもされているんですね。

はい、スクワットは五十回ね。昔はチャンチャンって上に上がっていたんですけど、本当のスクワットを教えていただいたら、内股《うちまた》にして下まで下ろして途中《とちゅう》で止まるんですよ。だから常に中腰《ちゅうごし》状態。これはね、大変です。最初は五回くらいでしたけども、いまは五十回できるようになりました。

――毎日、やっていらっしゃる？

毎晩やっています。これはね、「徹子の部屋」で、ジャイアント馬場《ばば》さんが「あなたは、一〇〇歳《さい》まで仕事がしたい、舞台に出たい、と言っているようだけど、だったらヒンズースクワットをおやりなさい。僕《ぼく》たちは二千回やりましたけど、あなたはレスリングをやるわけじゃないから、五十回やればいいですよ」って、こうやって見せてくださったんです。

あと二階への階段の上り下りを二回。「これだけは、毎日やってください」と言われました。どうしてかというと、「年をとると昨日できたことが、一日休むとできなくなります。毎日やっていれば、昨日できたことは、今日できますから」とおっしゃったのでね。以来、どんなときでも。

ユニセフでアフガニスタンに行ったときは、電気がなくて暗闇《くらやみ》の中でやっていましたら、「黒柳さん、アフガニスタンでもヒンズースクワットやってましたよー」って有名になったくらいですけど、暗闇でも、どこでもできるんです。ほんのちょっとの場所があればね。人間は足からだめになっていくっていう残念なことがあるので、一〇〇歳になっても舞台に出て歩けるようにと思って。

——スクワットって相当きついけれども、毎日やれば、きちんと体は応《こた》えてくれますか？

そうだと思いますね。まあ口だけ達者《たっしゃ》で歩けないのも、ちょっと困ったものだと思いますのでね。足はそれについていけるようにと思っています。まあ筋肉をつけることが一番なんで、少しでも筋肉をつけられればいいと。

スーパーなんかに行ってお買い物をしたら自分でそれを持ってですね、チャンチャンチャンと。あまり重いものを買っちゃうと大変ですから適当なものを買って、それを両方に持って、自分でゆっくりでもいいから歩いて。腕《うで》にも筋肉をつけるようにして。

◆元気のもと

——とにかく健康にいいことは、なんでも試してみようと?

ええ、食べ物でもなんでも。人がいいって言うと、ふうーんってすぐにやりますすね。長く続かなくても、そのときやっただけでもいいじゃないかと思うので。だから母に「あなた、パパに似てるわね。私はまずかったら本当に嫌《いや》なの。絶対何があっても食べないわ。あなたはまずくても体にいいって言ったらすぐ食べるじゃない。パパも同じだった」って言われました。

父はシベリアで捕虜《ほりょ》になったのが体に響《ひび》いたのか、七十ちょっとで亡《な》くなったんですけど、私は元気でいようと思っておりますので。

――食べるものも、好《す》き嫌《きら》いなしに、なんでも召《め》し上《あ》がるんですか？

好き嫌いはないです。昔、お水だけが嫌いだったんですね。「徹子の部屋」が始まった最初のころ「好き嫌いを教えてください」ってスタッフに言われて。私、忘れちゃっていたんですよ。この前、そのことを言われて「なんでも好きです。あ、お水だけは飲まないです、嫌いだから」って言ったんですって。

みんなびっくりしちゃって「お水が嫌いな人いる⁉」って。いやあ、おいしいと思わなかった。何かあんまりね。お茶もあまり飲まなくて、果物とかそういうほかのもので水分をとって。でも、血液がドロドロとかそういうことがなかったので、運よく。水道の水でも、このごろは飲みますね。サプリを飲むときとか、やっぱりお水を飲みますからね。

――なんでも召し上がると。じゃあ、胃も丈夫《じょうぶ》だということですか？

これはね、私、両親に感謝しております。もう、なんといっても丈夫なんですね。それを一番感じたのは芝居の旅をしているときでした。

どこでしたかね、わりと近郊《きんこう》のところで、お豆腐《とうふ》が名物で、お豆腐をいただいたんです。うれしいなあと思って、そのお豆腐を持って歩いてですね、ビジネスホテルに泊《と》まり、冷蔵庫がなかったんですね。で、ずっと四日くらい持って歩いて、最終的にそのお豆腐を食べたんです。イタリア風の自分で作ったケチャップや何かで煮《に》たお野菜みたいなものをのっけて食べたので、お豆腐の味があまりわからなくて。五日くらい、たっていました。
そしたら、おなかがゴロゴロって音がしたんです。「あれ……？　もしかしたら」と思って、母とか友達に聞いたんですよ。母が「あなた、死ぬわよ」って。「そんな五日もね、夏の暑いさなかに！」。

――それ、落語の「酢《す》豆腐」みたいなものですね。

そう、「糸引いてなかった？」って聞かれても、パーッと食べちゃったので。それでもゴロゴロ音がしたくらいで。
ですから、ユニセフの活動でいろいろな国に行きますけど、私だけなんです、いままで一度もおなかを壊《こわ》したことがないの。すごく気をつけておりますけど、やっぱり胃腸が丈夫っていうのと、寝られるっていうのは、ありがたい肉体だなと思っています。

――ご両親も体は丈夫だったんですか？

母は九十五歳まで元気でおりまして、別れるとき「じゃあね！」って言ったら、その次の日死んだっていうくらいの、とても元気な人でした。だから食べるものや何かが、うまくいっていたんだと思いますね。

――そういうベースがあって、長きにわたっていろいろなことができるということですか。

まあ体が一番だと思っていますのでね。それから食べるのが大好きなので、食べる会にもよく行きます。

私、最近まで男の人と女の人と、同じ量だけ食べると思っていたんですよ。そうしたら女の人のほうがちょっと少ないって聞いて、すごく驚《おどろ》いて。いまも同じだけ食べています。ちゃんと消化もして。でもさすがに、夜中はすごい量は食べないでおこうとは思っておりますけれど。それでもしばらく起きていると大丈夫です。まあ、なんでも食べますね。

――それが元気のもとになるんですね。

そうだと思いますね。病院に行くと「食欲ありますか?」ってお聞きになるでしょ。だから食欲っていうのは大事なんだと思いますよ。

昔、「夢であいましょう」という番組をやっていたときに、みんなで中国料理屋さんに行ったんですよ。まだお金がなかったんでね、それでも、今日はエビチリを食べようってことになって。

エビチリがくると私はね、子どものときからの習慣でパッと見て、何人だから何個ってすぐわかってね、必ず「エビ一人三個」とかって言うんです。で、ちょっと年上の渥美清《あつみきよし》さんが「俺《おれ》が稼《かせ》いで、数えなくても食えるようにしてやるから」って言ってくれて。私、渥美さんのことを、兄《にい》ちゃんって呼んでいて「兄ちゃん、ありがとう！」って。

そしたら永六輔《えいろくすけ》さんがだいたい同じ年で「でもね、こうやって数えて食べるくらいが幸せなんだよって。年とってお金がいっぱいあっても、もう食欲がないって残すようになったら残念じゃないか」と。永さんは、「大往生《だいおうじょう》」みたいなことをそのころから言っていたんで、人間って変わらないなって。

いまでも、エビチリとかがパッと出ると、私、心の中で、（一人何個）と。だから取り分けてくださる中国料理屋さんが好きです。

自分がいっぱい食べたいんじゃなくて、不公平があったら嫌なの。みんな同じだけ食べるのが好きなの。

父はバイオリニストの黒柳守綱《もりつな》。
NHK交響楽団《こうきょうがくだん》のコンサートマスターを務めました。
戦時中は満州に出征《しゅっせい》し、シベリアで捕虜になった経験もしました。

母・黒柳朝《ちょう》は、いつも私のよき理解者で、
随筆家《ずいひつか》として活躍しました。

◆トモエ学園との出会い

――どんなお子さんだったんですか？

『窓ぎわのトットちゃん』にも書きましたけど、小学校一年生で退学になるような子ですから、それはもうなんて言いますか、落ち着きがない。自分の興味があったら、そっちに走っていっちゃう。もう大人にとっては手に負えない子どもだと思いますよね。

だからよく学習障害って言われています。ＬＤ（Learning Disabilities）って言うんですけど、トットちゃんの本をお読みになった専門家や、学習障害のお子さんをお持ちのお母さん方の中では、黒柳徹子さんはＬＤだったってお思いのようなんですね。つまり、自分が好きだと、そっちへ行っちゃう。ぜんぜん反省しないっていうね。

――ご両親は、そんな徹子さんと、どんなふうに向き合われたんですか？

父はね、音楽一筋の人で、音楽しか頭にないというふうで。ＮＨＫ交響楽団のコンサートマスターをしていました。父は母が大好きでしたから、母と音楽という感じですね。だから子どもは母が全部見ていたんです。

私は弟や妹と年が離《はな》れておりまして、母は、非常に自由に私を育ててくれたのみならず、人格を認めてくれていたっていうことが、あとになってわかったんですね。

たとえば、初めての学校を退学になった。その理由は『窓ぎわのトットちゃん』に書いたんですけど、授業中なのに、窓のところにいて、外を歩いている人に「おばさん、どこに行くの？」って聞いたりとかですね。

でも私、先生の話はちゃんと聞いているんですよ。そこがね、子どものすごいところで。

それから私はなんといっても、チンドン屋さんがすごく好きだったんですね。時代物の格好をしてチンチン・チャンチャカって。

「来たわよー」って言うと、ワーッと窓のところにみんなが来て、私が「お願いします！」って言うとチンチン・チャンチャカやってくれて。元来、学校のところは静かに通るんです。でも、私が頼《たの》むんで。小学校一年生の教室は一階で、窓を開ければ通りに面しているんです。すぐそこなんです。

ぬいぐるみを抱《だ》いて。
何よりぬいぐるみが大好き。
もうちょっと小さいときにパンダのぬいぐるみを叔父《おじ》にもらい、
それでパンダの研究を始めたんですね。
パンダが本当に中国にいるのがわかって。
百科事典にものっていない時代ですからね。

その間、先生はずっと待っていらしたわけですよね、みんながそこから離れるのを。で、みんながワーッと席に戻《もど》っても、私はまだそこに立っているので、どうも先生は「黒柳さん、あなたどうしてそこにいるんですか？」っておっしゃったようなんですね。

そしたら私が、「はい、いまのチンドン屋さんが戻ってくるかもしれないし、また、違《ちが》う人が来るかもしれないからです」なんて言って、先生としてはね、本当に嫌になっちゃって。そういうことを全部、母におっしゃったみたいなんですよ。

そういういろいろなことがあって、「よその学校にお連れください！」と言われちゃったので、退学になるっていうことに。

で、母がね、普《ふ》通《つう》の学校に入れたのでは、この子は同じような目にあっちゃうと思ったらしくて、それで探してくれて、非常に面《おも》白《しろ》い学校が自《じ》由《ゆう》が丘《おか》にあった。

――お母さんが探されたんですか？

母のお友達の画家の子どもが、そこに行っていたんですね。自由が丘です ぐ近くだったので。そこは校舎が全部電車。先生が子どものことをよくわか ってくださって、個性を伸《の》ばそうとしている。

――電車の車両を校舎代わりにしているということですか？

そう。昔、省線《しょうせん》って言ったんですが、山手線《やまのてせん》みたいな。あれの車輪のない電車が学校の校庭にバンバンと置いてあって。

私たち九人だったんですよ、クラスが。で、学校に行くとバーッと電車のドアを開けて、ランドセルなんか網棚《あみだな》にのせちゃって、つり革《かわ》と椅子《いす》は取ってあったんですけどね。車掌《しゃしょう》さん、運転士さんがいるところに黒板があって、机は全部前向きに並んでいるからそっち向きに座って。

窓のところには網戸がついていたんですよ、だから日が差せば網戸を上げたりとかね。ガラス窓にしたり、ガラス窓を開けたり、とってもいい塩梅《あんばい》でしたね。

その電車、どうもただでもらっていらしたらしいですよ、先生はね。

——子どもの自由が結構きく?

もちろんです。授業のやり方も全部。で、初めて行った日から、私、この学校に入りたいって思いました。見つけてくれた母に感謝しているんです。「あなた退学になったのよ。次の学校にもし入れなかったら、どうなるかわからないわよ」って言われたら、私だって緊張《きんちょう》したと思いますけど、母は何も言わず「違う学校、行ってみる？」って。

で、私が「チンドン屋さん来る？」って聞いたんですって。本当に反省がないと思ったけど、本人が知らないんだからしょうがない。まあ、行ってみましょうと、その学校へ行ったわけですね。

それで校長先生に会うことになって、私、住所とか名前とかを聞かれるんだと思ったんですよ。それとね、この人は校長先生ではなく駅の人かもしれないと思って。電車をいっぱい持っているから。

最初の日、「校長先生か、駅の人か、どっち？」って聞いたら、「あ、校長先生だよ」って、校長室に入ったんです。そこで、「私、この学校に入りたいの」って言ったら、母が、それは先生がお決めになることだからって。

そしたら「お母様は、お帰りくださ い」と。私の前に校長先生が座って、「話したいこと話してごらん、全部」っておっしゃったんです。もう、びっくりしちゃって。住所とか言うんだと思ったけど、それを言わなくていいのかと思って。

当時、テープレコーダーがあったら、録《と》っておきたかったなって思います。六歳の女の子が、いったい何を話したかを知りたいんですよねえ。家にいた犬のこととか、まあ、いろいろな話をしたと思うんですけどね。

それで、とうとう最後に話がなくなって、もうね、どうしようって思ったんです。この人ともうお別れだわって思うのは、生涯《しょうがい》男の人とは、そういうのはなかったんですけど、そのときは、もうこれで終わりになっちゃうのか……と思って。本当に話がなかったんです。

で、その日の洋服は母が作ったものじゃなくて、買った洋服だったんです。ほかのはビリビリになっちゃってて。その洋服の襟《えり》の花の刺繍《ししゅう》の色が、嫌いだって母は言っていたんですよ。だから襟を持って「ママね、この色嫌いなんだって！」って言ったらね、生涯で話すことが何もなくなった。こうやって襟をつかんだまんま、「それで終わりかい？」って先生がおっしゃったから、「ええ」って。「じゃあみんな、弁当食ってるから行こう！」って。それで、トモエ学園で有名なお弁当の時間のところに行ったんですけど。

あとで母に、学校に何時に行ったのかって聞いたら、八時だって言うんですよ。お弁当の時間は十二時でしょ。すると四時間、六歳の子の話をずうっと聞いてくださって、この人はいい大人だって思いました。瞬間的《しゅんかんてき》に。

『窓ぎわのトットちゃん』は、校長先生に捧《ささ》げたくて書いたんです。話を聞いてくださった、あの信頼感《しんらいかん》。

いま、学校の先生も時間がないと思いますが、最初に子どもの話をそういうふうに聞いてあげられたら子どもは気持ちを開いて、「この人は、いい大人だ。味方だ」ときっと感じるに違いないと思うんですね。そういう時間がない、いまの学校は残念と思いますね。

子どもは敏感《びんかん》ですから、あのとき、もし校長先生が紙をめくったり、電話をかけたりしたら、私は話をすぐやめたと思います。

でも「ふーん、それで?」「ほう、それから?」とずっと聞いてくださったので、本当に聞く気があるんだなと、私も一生懸命《いっしょうけんめい》話したんですね。

だから、そのときから校長先生を大好きになりました。

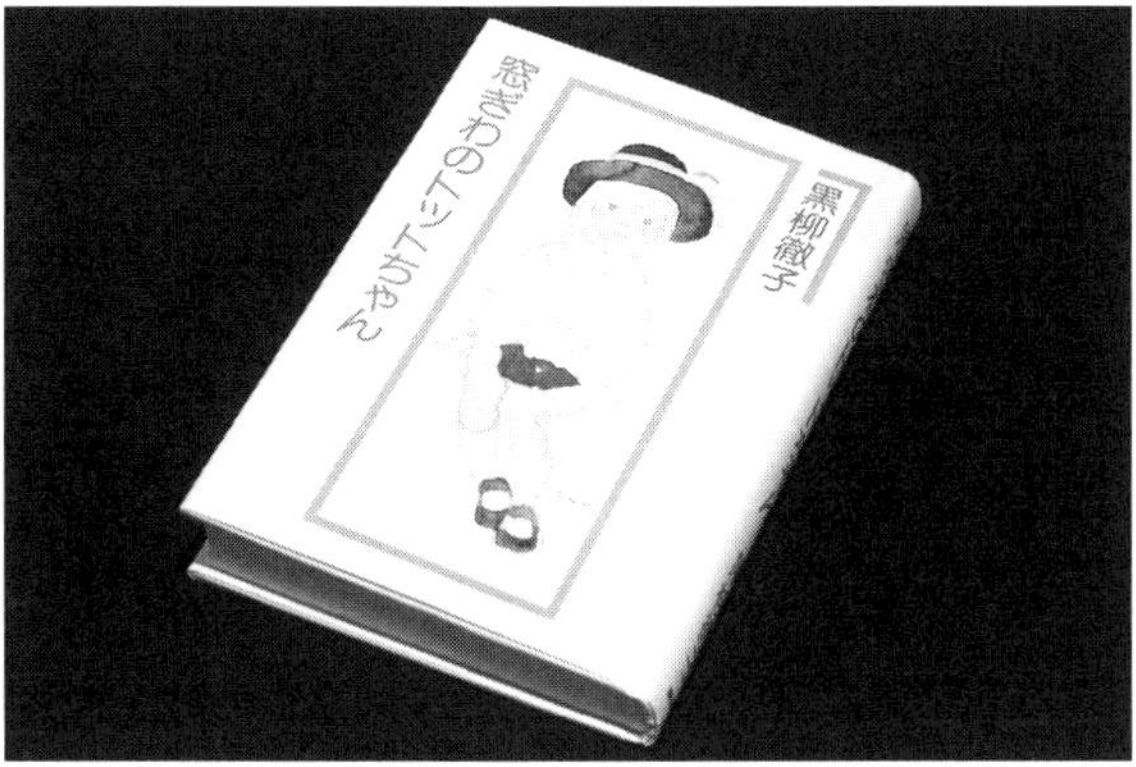

子ども時代の思い出をつづったエッセイです。
落ち着きのない子どもだった私を、
トモエ学園はありのまま受け入れて、
のびのびと育ててくれ、
楽しい学校生活を送ることができました。

——では、楽しい小学校時代を？

ええ、そうですね。

私、いつも思うんですよ。障害を持った子が、トットちゃんの学校に何人もいました。校長先生は一度も「手を貸してあげなさい」「助けてあげなさい」っておっしゃったことはないんです。「いいかい、みんな一緒《いっしょ》だよ、一緒にやるんだよ」って。

そうすると、子どもでも一緒にやるんだと思うと、どうすればいいか一生懸命考えます。

私たち、ずいぶん遠くまで臨海学校で、ずっと向こうの静岡《しずおか》の土肥《とい》なんていうところに行ったりしましたから。そういうときにはどうすればいいかっていうのを、自分たちで考えて一緒にやっていくってことを、子どものときに植えつけられたので。何をやるにも。

だから私はいま、聾唖者《ろうあしゃ》の劇団も持っていますけど。私たちは平気で劇場や音楽会に行くのに、耳の聞こえない人たちは楽しみがないわけでしょ。だから、せめて手話でやる芝居なんかを見にいけたらいいじゃないかって。それは一緒にやろうっていう気持ちです。

――それにしても四時間というのは、忍耐強《にんたいづよ》い校長先生ですね。

忍耐強いこともあるんですけど、私もね、よく六歳で、四時間も話すことがあったなと思って。それで私はテープレコーダーがあったらよかったなと。何を話したのか自分でも知りたいです。

——家でも、お父さん、お母さんに、今日一日あったことをワーッとお話しされていたんですか？

そうですね。まず最初に犬に話しました。シェパードの犬がいたんですけど、そのシェパードに今日何があったかを。通信簿《つうしんぼ》を最初に見せるのも犬で、なんでも報告していましたね。隠《かく》すっていうことも何もなくて。親に見せたくない点数とかがあるときは、ちょっと犬にだけ見せて、あとはしまっちゃうとか。そういうことはありましたけど。

——校長先生もすごいけれども、一年で退学になった娘《むすめ》に恨《うら》みがましいことを言わず、次のところへ連れていくお母さんがすごいですね。

二十歳《はたち》くらいになったとき、「あ、そうそう」って母が。「あなた、小学校、かわったじゃない？　どうしてだか知ってる？」って言ったから、「うん」と首をふったら、「退学になったのよ」って。

「ええ！」って思いましたけど。二十歳のときに小学校一年生で退学になったと知っても、そんなショックは受けないんですよね。もし六歳のときにそれを聞いたら、私はトモエ学園の電車を見ても、何を見ても楽しくなかったと思うんですよ。

みんなは、私が退学になったことを知っているのかな……とか、ほかにも退学の子がいるんじゃないかな……とか、そういうふうに考えたと思いますけど、そういうことは何も思わなかったから。

――子どものことを、よくわかってくれたお母さんだったんですね。

ええ、母の教育は、いまでも感心しちゃうんですけど、「ママはね、あなた方に十回言いたいと思っても言わないのよ。一回だけ言うから、そのときは聞いてね」って。だから母が何か言ったときは「大変！」って思っていました。だから、やらなきゃって思って、生涯口答えしたことがないです。だって、いつも母が正しいんですから。

――お父さんはそれを、ずっと見ているんですか？

父は優《やさ》しかったんですけど、子どもの扱《あつか》い方はあまり上手じゃなくて。どうしていいか、わからないみたいなところがあって。

でも逆に言えば、音楽が好きで、母を愛して、植物のことを専門家くらいくわしかったんですね。そういうことを見せてくれて、志《こころざし》高く人間は生きるものだと教えられたというか。

父は若くしてNHK交響楽団でソロの演奏をして、どんなに心細かっただろうと、ときどき思うんですよ。でも、そういうことは一切《いっさい》言わなかったですし、それからシベリアで捕虜のとき、どんなにつらかったかとか、そういうことも言わなかったです。なので、そういう父をとても尊敬して、いまでもそういうふうにいたいと思っています。

◆「トスカ」にあこがれて

――その後、音楽の方面に進まれて、放送劇団に入るわけですけど、どういうきっかけだったんですか？

あのですね、私、音楽学校に入ってオペラ歌手になろうと思っておりましてね。というのは、ある日「トスカ」という映画を見ました。

当時、戦争が終わってしばらくはたっていましたけど、日本は色がなくて、復員《ふくいん》していらっしゃる方は国防色のカーキ色の洋服とか、もんぺはさすがにはいていなかったんですけど、まだみんな粗末《そまつ》な洋服を着ているときにですね、その「トスカ」は色がないんですけど、トスカは歌姫《うたひめ》ですから、こんな胸元の開いたドレスに縦ロールの髪《かみ》で、頭にお花なんかをつけて、「アアアー」と歌ったのを見て、「これになろう！」ってすぐ思ったんですね。

——決断は早い？

そう。「ああいうものを歌う人になろう」と思って、それで音楽学校を探してね。

——「どこに行ったらいいの？」って、お母さんに相談されたんですか？

はい、相談しました。ほかの友達にも相談をして。で、ともかく私は音楽学校に入って勉強をしたんですけど。

……どういうんでしょうね、いまセリフはね、二千行あっても覚えられるんですけど、歌の歌詞が覚えられない。音楽っていうのはブンチャチャ、ブンチャッチャッて、どんどんいっちゃうじゃありませんか。「ええっと、なんだっけ」なんて言ってる暇《ひま》はないです。セリフなら、もし忘れても、「なんでしたっけねー」とか言う時間があるじゃないですか。それでね、これはちょっとオペラ歌手にはなれないと思って。

それと私、コロラトゥーラ（コロラトゥーラ・ソプラノ）という高いところを勉強したんです。コロラトゥーラが出るオペラは少ないです。

しかも、もううんと前から、卒業した先輩《せんぱい》がいっぱいいて、オペラ歌手として歌う機会をみんなが待っている。上がつかえていることに、気がつかなかったんですね。卒業したらすぐにオペラ歌手になれると思っていましたから。それでいろいろ考えて、これはだめだなと思って。

それで「結婚《けっこん》でもするんだな、きっと」って。当時はそうでしたからね。お掃除《そうじ》、お洗濯《せんたく》、お料理ができるお母さんは多いけど、何か子どもに尊敬されるお母さんになろうと思っているときに人形劇を見たんです、銀座《ぎんざ》で。

女の人が手にお人形をかぶせて、子どもの声を出してやっている。子どもたちがものすごく笑っているの、音楽もあって。「雪の女王」という劇で。

それでね、自分の子どもにやってやれたら、ワーッと子どもは喜ぶに違いない。「そうだ！　私は人形劇ができる、絵本が上手に読めるお母さんになろう！」って決めまして。

――オペラ歌手から、ガラッと変わって。

それで、また母に聞きました。当時、聞く人はほかにいないですしね。いまみたいな就職情報誌もないですから、「絵本とか人形劇をやるのは、どこで教えてくれるのかな」って言ったらね、これがね、母のものすごいアバウトなところがよかったんですよ。「新聞に出ているんじゃない？」って。普通、新聞にそんなの出ていないじゃないですか。でもね、私は新聞を開いたんですよ。そこにＮＨＫが、テレビ放送が始まるにあたって俳優を募《ぼ》集《しゅう》するっていう記事が出ていたんです。

――お母さん、その記事があることを知っていて？

ぜんぜん。母は、新聞は見ていなかったですから。たまたま広げたら真ん中に。

あとで聞いたら、NHKは一日しかその募集を出さなかったらしいんですよ。テレビというものができるんで、俳優を募集すると。演劇なんかできなくてもいい、教えてあげますと。

それで私、NHKに行ったら絵本の読み方や人形劇を教えてくれるかもしれないと思って、それでNHKを受けたんです。

――偶然《ぐうぜん》の偶然が重なっていくんですね。

そのとき私が母に聞かなかったら。もし母が、「新聞に出ているんじゃない?」って言わなかったら。しかも、その日じゃなかったら。私は、現在ここにはいなかったんです。そう思うと本当に、不思議な気がします。

第二章

テレビ女優への道

◆六千人中の十三人

その新聞の募集《ぼしゅう》記事を見て、六千人の人が試験を受けにきたんですよ、NHKに。残ったのは十三人だったんです。きれいな人がいっぱいいて、みんなお稽古《けいこ》していて試験を見たら上手なんですよ。私、とてもだめだなと。

——みなさん、経験があるわけですね。

女優《じょゆう》さんだったり、演劇部にいたりとか。私みたいな本当の素人《しろうと》は、ほとんどいなかったと思います。音楽学校で勉強はしていますけど、演劇に関しては、まったく何も知らない。まあ、絵本が読めるお母さんになるんだからいいやって、試験を受けました。

ところが最後まで残ったときには、自分でも嘘《うそ》だろうと。ただね、父の名前を書くと、父が聞いたときに反対すると思ったので。父は「女の子はお華《はな》、お茶を習ってお嫁《よめ》にいけばいい」って言っておりましたので、これは父にわかっちゃいけないと思って。父の職業欄《しょくぎょうらん》には無職と書いて、名前も書かなかったんですよ。

で、最後の面接までいきましたら、局長とか部長のような方が「黒柳《くろやなぎ》って、音楽やっている黒柳さんと何か関係があるの？」っていきなり。まあNHKですから、父はね。

「違《ちが》います」って言っちゃ嘘になるし、嘘は言いたくないし。でも言えば、絶対、父は反対すると思ったんですけど、しょうがないから「それは、父です」って言ったんです。

そうしたら「お父さんに相談してきた?」って言われて、「いえ、だって父にそんなことを言いましたら、『そんな、みっともないことしちゃいけない』って言うと思いますから」って言っちゃって。

ああ、みっともない、これから入るところに。「あの、父はみっともないと思っても、私は入りたいです!」なんて言ったら、みんなが爆笑《ばくしょう》でした。ああ、もうこれでだめだなと思ったんですけどね。

そんなことがあって、ある日家に帰ると、局長さんがいらしていて。お嬢《じょう》さんを入れようと思うんだけど、父がどう思っているかっていうことを聞きにいらした。ちょうどいい塩梅《あんばい》に、父がいなかったんですよ。で、母が「じゃあ、うまく話しますので」って。

――それもまた偶然《ぐうぜん》ですね。

そうです。父がいたら「え?」ってことになったんですけど、それも、うまくいきまして。

――すべての偶然が、いまの黒柳徹子さんにつながっているような。

でも、それで入りましたらば、「あなた、どうして受かったかわかりますか?」と受け持ちの先生がおっしゃったんで、まあ、ちょっと、いいところがあるのかなと思っておりましたら、「あなた、あまりにも試験ができなかったので、こういう何もできない人を、テレビという新しい仕事にとっておきましょう。無色透明《むしょくとうめい》、それであなたは入ったんです」と言われて。

んー、二十歳《はたち》過ぎて、無色透明って言われるのもまあいいか、仕方がないか。お母さんになるんだからいいや、と思って。本当にのんきな気持ちでNHKに通ったんです。

ですから、初めはお母さんになるつもりでしたから、NHKと意見がすごい食《く》い違《ちが》っていましたね。NHKはテレビ女優を作ろうと思って必死ですが、私はお母さんになるんだからいいやと思って。初めのころは、毎日、降《お》ろされていましたから、私。

――降ろされるって、どういうことですか?

ようするにね、「個性が強すぎる」って言われたんですね。

私はテレビで入ったんですけど、当時、テレビは日本中で八百六十六台しか見ている人がいなかったそうです。高かったですから。ラジオが全盛でした。ガヤガヤとかっていうのが、ものすごくNHK放送劇団はうまかったんです。ご存じかもしれませんけど、主役の人が「○○左衛門御用《ざえもんごよう》だ！」って言うと、後ろで「御用だ！」「御用だ！」「御用だ！」って小声で言う。ラジオをお聞きの人は、そこに人がいっぱいいると思いますよね。

で、私が初めて行ったときに、男の人と女の人の主役が話していて、バタッと人が倒《たお》れるんです。「おっ、どうしたんでしょう」って言うと、後ろでガヤガヤが、「どうしたんでしょう」「どうしたんでしょう」「おばあさん、見たことがあります？」なんて口々に言う。

いまなら上手にできますけど、そのとき私はね「どうしたんですかあー」なんて大きな声で普通《ふつう》に言うもんだから、ミキサーの人がすごく驚《おどろ》いて、

「そのスカートが広がったお嬢さん、ずうっと後ろにいって！」って。五メートルくらい後ろから「どうしたんですかあー」なんて。だって、人が倒れたら大変って思ったんですよ、私。

そうしたら「もっと、後ろにいって！」。終《しま》いには、ドアのところまで。ドアですよ。そこから「どうしたんですかあー」なんて大きな声を出して。そのうちに「お嬢さん、帰っていいや」って言われるようになって。ガヤガヤは、声が目立っちゃいけないんです。

当時私は、NHKで一時間五十六円の伝票で働いていたんです。五十八年前のことですから。それでいつも降ろされていたから、終いには、みなさんが私の顔を覚えてくださって、スタジオに行くと「あー、お嬢さん来ちゃったの？」って。名前までは覚えられていませんでしたから「お嬢さん」で。「あーいいよ、やらなくて。伝票だけはつけておくから」と言われて、ずうっと私はスタジオの外で本を読んで、友達が終わるのを待っていました。

――そのとき、どんな気分だったんですか?

ぜんぜん。もともとは、お母さんになろうと思ったでしょ。自分に女優の素質があるなんて思ってもいませんし。ましてやそのテレビっていう、新しいものに出ようとも思っていませんでしたから。

まあ、こんなものだろうと。友達はね、みんな経験があるんだし、きれいなんだし、上手なんだろう。だから一年それをやっていましたけど、べつに落《お》ち込《こ》むこともなければ。

ただ一番嫌《いや》だったのは、スタジオの外で本を読んでいるとね、人が歩いてきて「今日なあに?」とかって聞くんですよ。すると、ちょっと……。

◆テレビ創成期の熱気

それでまあ、だんだんとテレビの時代に入っていくんですね。テレビはね、笠置《かさぎ》シヅ子さんが全盛で、「東京ブギウギ」を歌っていらっしゃる後ろを通る町の娘《むすめ》、通行人をやったんです。

でも、通行人って難しくってね。私が歩いていきながら、チラッと笠置さんを見たんです。だって道の真ん中で歌いながら踊《おど》っていたらね、面白《おもしろ》いから見るでしょ。

すると上から「はーい、いま、後ろ通った人、見ないでスッと行って、スッと」って言われて。次はスッと通ったら「何か後ろ、黒い影《かげ》みたいなの映ったけど、なんなの?」って、また上からガンガン言われて。

テレビの画面は小さいから、画面の中に入るようにゆっくり歩いて、こっちを見ないように、前に関心を持って歩いていく。歩数を稼《かせ》いで、端《はし》から端までちゃんと映るように、なんとなく個性なく、なんとなく行ってくださいって。そういうの、すごい難しいんですよ。

――目立つなってことですか。

そう、目立つなと。

でね、今度はこういうふうに(抜《ぬ》き足《あし》差し足ふうに)歩いていったら「忍《にん》者《じゃ》じゃないんだから!」って。パントマイムのマルセル・マルソーがはやっていて、「マルセル・マルソーじゃないんだから！」とも言われました。

テレビでも一年くらい、行っては降ろされ、行っては降ろされでした。

最初のテレビ俳優の一員として、ＮＨＫ放送劇団に入りましたが、
当初はラジオ番組を中心に出演していました。
ウエストを細くした、当時、はやりの洋服を着ていますね。

◆認められない「個性」

——よく一年、我慢《がまん》しましたね。

そうですね。ガヤガヤが終わって少しセリフがある役がついても、個性が強すぎるって言われて。その個性をなんとかしてくださいって言われたんだけど。自分では何が個性なのか、わからない。
先輩《せんぱい》が怒《おこ》るんです。「日本語が変だ！　直してこい、明日までに」って。そんな、二十歳過ぎまでしゃべっている日本語をね、明日までに直してこいと言われても難しい……。

　どうすればいいか、私わからなくて、ドラマでちょっとした役がくると、クラスの中で一番個性がないなと思う人に、まずそれを読んでもらって、その人が読んだのを聞いて、その人がやったように言うと、みんなが怒らないから、こういうふうにやればいいんだなって思っていたんですよね。

　そんなふうにして、なんだかわからないから、みなさんのおじゃまにならないようにと思って。

　そしたら、次の年から日本中が「個性化時代」と言われるようになって。新聞にも、こんなに大きく出るようになったんですよ、個性化って。

　そしたら、すごいんですよ。「個性、出してください！」「出してくださ い！」って、みなさん、おっしゃったんですけど。

――引き出しじゃないんですからね。

そうそう。だから引っ込めるのもわからないのに、どうしたらいいか、本当にそのときわからなかったですね。

◆救いとなった一言

養成期間が終わった一九五四年に、ラジオの「ヤン坊《ぼう》ニン坊トン坊」という大人が初めて子ども役の声を出す、NHK始まって以来のオーディションがありました。

たくさん女優さんが来て、顔が見えるといけないからと、ついたてをしてですね、その向こうに服部正《はっとりただし》先生っていう作曲家の方と、劇作家の飯沢匡《いいざわただす》先生っていう脚本《きゃくほん》をお書きになる方がいらっしゃって。

当時、まだ大人の女の人が子どもの声をやる例がぜんぜんなかったので、

ＮＨＫの反対もずいぶんあったようなんですよ。できるはずがないって。でも飯沢先生はね、小学生の子役がスタジオで宿題やったりするのを見ているのは嫌だし、歌もいっぱいあったので、生放送ですぐ歌えるのは、やっぱり大人のほうがいいだろうということで。楽譜《がくふ》も読めるしって。絶対、大人の女優で子どもの声、できる人がいるはずだ、って。

それでオーディションになったんですね。いまは、もう、吹《ふ》き替《か》えなんて、みんな大人ですよね。

で、私は、トン坊っていうのをやって、すぐ受かりまして。そのとき初めて飯沢先生にお目にかかり「私、日本語が変だって言われていますから、すぐに直します。個性も引っ込めます」と申し上げたんです。

そうしたら飯沢先生が「君の個性が欲しいから、そのままでいいですよ。直しちゃいけませんよ」とおっしゃってくださったんです。

それがなければね、いくらなんでも私は、もう、やめていたかもしれませんね。二年も、三年も、ずっと降ろされていたらね。

でも、飯沢先生が「そのままでいいです」と言ってくださったのでね。じゃあ、そのままでいかせていただこうと思って、現在までそのままできたという。あの一言がなければ、私は、どうなっていたかわからないです。

トモエ学園の校長先生の「本当は、君はいい子なんだよ」、それと飯沢先生の「いまのままでいいです。君の個性が欲しいから」って、このお二人の言葉がなければ、私はぜんぜん違った道に行ったと思います、きっとね。

何をやっても「いけない」って言われて、どうしていいかわからない大人になっていただろうなって思うし、今日ここへ来るようなこともなかったと思います。

――それほどの出会いだったんですね。

そうですね。そういう子どもを持っていらっしゃる方に申し上げたいのですけど、誰《だれ》か一人でもいいから、わかってくれる人がいると、子どもはのびのびと生きることができるんですよね。

これをやってはいけない、あれもやってはいけない。なんでいけないのかが、わからない。「あんたの個性、じゃま」って言われても、それが、なんでじゃまなのかが、わからないんですから。

私の声もいけなかったのかもしれないけど、何かわからないままに、きっと悲しかったんですけど、そういうふうに先生がおっしゃってくださって「あ、それでいいなら！」と。そこはもう切り替えが早いですから。そのままでずっときました。

――六千人の中から黒柳さんを採用した人は、そういう隠《かく》れたものを見抜いたということがあったわけですね。

私、あとで思ったんですけど、面接で採《と》ってくださった方は局長とか部長とかで、現場のディレクターではなかったんですよ。だけど、私が仕事で行った先にいるのは現場のディレクターですから、「困っちゃうなあ、こんな人が来て……」っていう人ばっかりだったと思うんですね。だからそこでちょっと、いざこざがあったんですけど、結果、NHKに残るいい番組を、たくさんやらせていただきましたので、その点ではよかったなって思っています。

第三章

生放送の現場で

◆生放送のハプニング

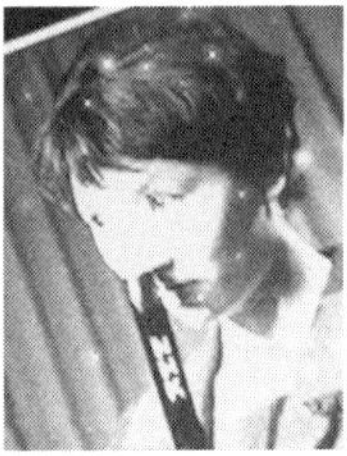

――テレビ本放送のスタートは一九五三年です。黒柳《くろやなぎ》さんは、その最初のテレビ俳優《はいゆう》の一員としてNHKの放送劇団に入られ、テレビの時代が始まっていくわけですが、とにかく、みんなテレビは初めてで、現場も何をどう作っていくか。エネルギーだけで回っていくという世界ですからね。その当時の写真が出てきました。これは？

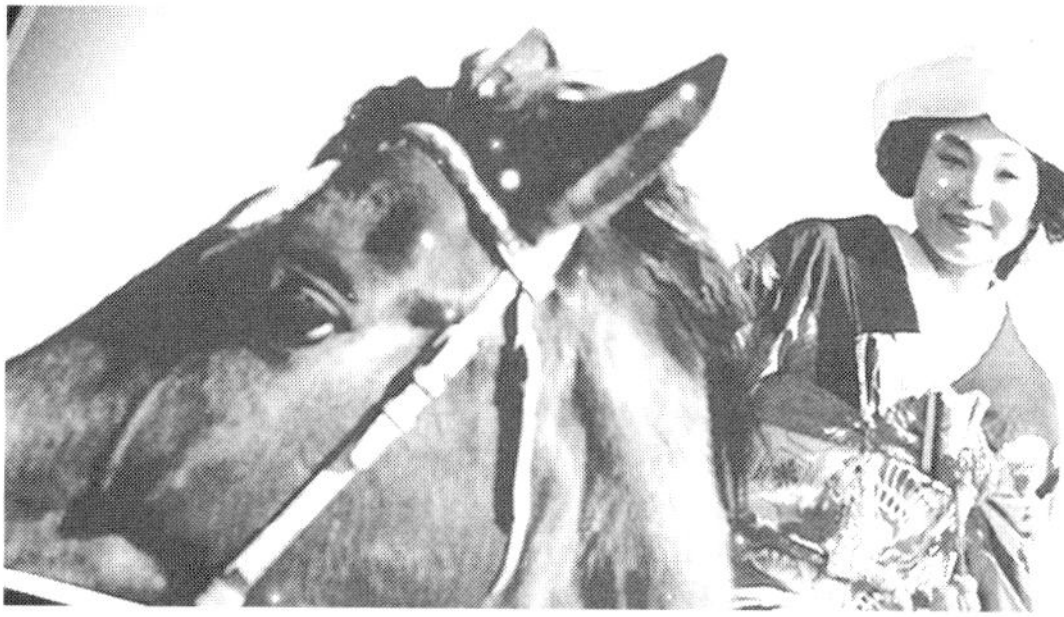

おかしいですけど、休んでいるんですよ、疲《つか》れてて。頭蓋骨《ずがいこつ》が重いんでしょうね。きっとね。マイクに鼻をこういうふうに乗せていると楽なんですよ。あのころ、ものすごく忙《いそが》しくて、生放送ばっかりだったでしょ。だから「何分、ちょっと待っててくださいー」とか言われるとね、こうやって休んでいました。よく、そこを撮《と》った方がいらっしゃると思うんですけど。

――これは、チャグチャグ馬《うま》コ《っ》（毎年六月に行なわれる岩手県のお祭）じゃないですね？

チャグチャグ馬コじゃないんですけど、ビューッと風が吹《ふ》くと、びっくりした。こんな写真があるって知らなかった。フランキー堺《さかい》さんと夫婦《ふうふ》で、空《から》っ風《かぜ》と女房《にょうぼう》って。強いのは空っ風って言うじゃありませんか。そうそう上《じょう》州《しゅう》です。花嫁《はなよめ》が馬に乗って嫁《とつ》いでいくときに、上州の風が吹いてきて、私は飛ばされないんですけど、後ろのタンスや何かが全部飛ばされるっていうすごいシーンのとき、私もかつらが後ろにガクッとズレちゃって撮り直しがあったりしてね。そのドラマの写真ですね。

田んぼのあぜ道をね、ポコポコと本当に気持ちよく歩いていく。後ろから田舎《いなか》のおじさんたちが、家族が、タンスや何かをリヤカーに乗せて持っていくというシーンで、それがビューッとものすごい春一番が吹いてきたら、馬が嫌《いや》がっちゃってね。タンスは飛ぶし。

――これは作曲家の中村八大《なかむらはちだい》さんですね。

そうですね。「夢であいましょう」ですね。何か歌を歌っていますね。

ああー、懐《なつ》かしいですね。

――そして、こちらは？

渥美清《あつみきよし》さんとはずいぶんご一緒《いっしょ》に出演していました。これは「夢であいましょう」の中のシーンで、後ろ向きは三木《みき》のり平《へい》さんですね。

——テレビ放送が始まったころというのは、全部、生でしょ？

全部、生です。

——すごい緊張感《きんちょうかん》の中で、おやりになったんでしょうね。

そうですねえ。取り返しがつかないですからね。でも、もう取り返しがつかないことが毎日でしたから。

で、そういうとき、どうなるかというとね、スタジオの隅《すみ》に〈終わり〉と書いたフリップっていうのが落ちているんです。これ以上続けられないとなると、私が「出しますか？」って言うと、みんな「出してください！」って。

ディレクターに相談しないで「じゃあ、出しますね」と、勝手に、その〈終わり〉を出しちゃうの、カメラの前に。

すると、その番組は突然《とつぜん》、それで終わるんです。そして〈しばらくお待ちください〉っていうのが出て、視聴者《しちょうしゃ》のみなさんにしばらく待っていただくっていうような。これ以上、もう続けられないっていうことが、いっぱいあったんですね。

――終了《しゅうりょう》時刻じゃないけど、これ以上放送できないから、〈終わり〉を出しちゃうんですか？

ええ、だってそうですよ。そういうことはいっぱいありました。

一番すごかったのは、ドラマで、犯人が捕《つか》まったんですね。で、刑事《けいじ》さんにガチャンと手錠《てじょう》をかけられた。それから刑事さんの自宅と、犯人の留置場《りゅうちじょう》のシーンがあるので、その手錠を外《はず》す必要があったのに、そこにあったはずの鍵《かぎ》がない。「鍵ありませんか？　鍵！」って。生本番なのに、みんなですごい探しても見つからない。もうしょうがないから、先のシーンに進みました。刑事さんは家に帰るでしょ。犯人との手錠がついたままなので、犯人は下のほうをズルズルとはって一緒に帰るんです。

――刑事が自分の手に手錠をかけちゃっているから、犯人とつながっている状態なわけですね。

そう。二人とも手錠でつながっているわけです。

で、仕事が終わって、日本家屋の玄関《げんかん》から入っていくの。奥《おく》さんが「お帰りなさい」なんて出てきて、犯人もズルズルと一緒に家の中に入っていく。

で、刑事さんがごはんを食べるんで座るんです。犯人はちゃぶ台の下に入るようにしているんだけど。刑事さんは、片方の手しか使えません。それで「お父さん、今日どうでした？」なんて会話をしながら、お父さんは右手しか使えないから、お茶飲んだり、お漬《つ》け物《もの》くらいしか食べられない。

で、子役の子どもたちはびっくりしちゃって、ずっとそっちを見ているっていう感じで。それでも、とにかく生放送ですから続けなきゃいけない。

——そこに犯人はいない、という前提でやっているわけですね。

ええ、テレビの生放送の時代は、何があっても見えていないってね。知らないっていうふうにしていかないといけなかったんですよ。

で、今度は犯人が留置場で寝《ね》ているシーンのときは、刑事さんも一緒にゴロゴロと。おかしいんですよ、見るからにね。見ていらっしゃる方は、なんだかぜんぜんわからないんですよ。

で、とうとう限界がきたのは、取調室でのシーンで、「おまえ、どうなんだ」って。つながったままで、手錠が取れない理由が、鍵がないんですっていうことは、視聴者のみなさんにお知らせできないじゃないですか。そこまでやったところで、もう、これ以上は続けられないって。みんな気分が乗らなくなって……。それでも、みんな、やろうとしたんですよ。でも結局だめで、〈終わり〉を出した。まあ、そういうふうなこととか。

あと、森繁久彌《もりしげひさや》さんが刑事役で、左卜全《ひだりぼくぜん》さんが死んでお棺《かん》に入っていて、何回も左さんが映る。森繁さんが、「ああ、これはなんとかだー」って、芝《しば》居《い》をしているんですが、そのうち、左さんがもう終わったと思って、お棺から出て化粧室《けしょうしつ》に行っちゃったの。それで森繁さんが、お棺を見たら左さんがいない。「え、ええ？」。それは、死体がなくなるっていうドラマじゃないですから。

で、「左さん！　左さん！」って探しているんだけど、「わっはっは」なんて笑い声ばかり聞こえて、ちっとも左さんが化粧室から戻《もど》ってこないの。森繁さんも、さすがになんだかんだ、犯人がどうしたと言っても、そこに肝心《かんじん》の死体がない。結局それも〈終わり〉ってなりましたね。そういうことが、もうしょっちゅう、毎日のように当時はありましたから。

――それは、すごいですね。

テレビ放送が最初に始まったとき、八百六十六台のテレビで始まったんですってね。日本中でその台数。

当時、私がＮＨＫに入ったころ、月給が大学出で九千円ないし一万円くらい。テレビは二十五万円しました。八百六十六台のテレビで、一台のテレビを五人ずつで見ても、日本中で、まあ四千人から五千人しか見ていらっしゃらなかったということですから、いきなり途中《とちゅう》で〈終わり〉が出て終わっても、ＮＨＫに、そう文句はこなかったんですね。

このころは、まだお化粧はしていません。いわゆる、すっぴん。
テレビの生放送番組の仕事がどんどん増えていき、
私は忙しく毎日働いてました。
昔のカメラは、こんなに大きかったんですね。

◆テレビによってもたらされる平和

ＮＨＫのテレビ放送がこれから始まるっていうとき、アメリカのＮＢＣから＊テッド・アレグレッティさんという方が指導しにいらしたんです。ＮＨＫがお呼びになって。

で、私たちいろいろなことを習ったんです。メイキャップとか、リハーサルとか、そういう言葉も全部、アメリカから来たんです。

そのテッド・アレグレッティさんが、ある日、講演をなさった。「テレビはアメリカで始まっているけれども、一番大きいメディアになるだろう。Ｎ

HKは公共放送なので、ニュースや教養知的番組がほとんどだと聞いている。アメリカは残念ながらコマーシャルがつくので、ニュースや教養的な番組は一五%くらい。だから僕《ぼく》はとってもNHKにかけている」と。

そして、「世界中のいろいろな風俗《ふうぞく》も習慣も戦争も、すべてテレビで見ることができるようになる。自分は、永久的な平和が、テレビによってもたらされると信じている。だからみなさん、このことは忘れないでください」とおっしゃったんですね。

私は、そんなこと考えてもいなかったんですよ。そうか、テレビが永久の平和をもたらすことができるのなら、この仕事をしていくのはいいなって、そのときに思ったんですね。初めはお母さんになるつもりでしたけど、だんだん、テレビという仕事はいいかもしれないって思うようになって。

私の最初の仕事は「ヤン坊《ぼう》ニン坊トン坊」っていうラジオでしたけど、その後テレビで「ブーフーウー」「チロリン村とくるみの木」「魔法《まほう》のじゅうたん」とか、子ども向きのものをね、飯沢《いいざわ》先生が子どもに一番いいものを与《あた》えるべきだっておっしゃって、お金のかかったものをたくさんお作りになったので、そういうものにたくさん出ることができました。自分の子どもはいませんでしたけど、そういう番組がたくさんできたので、よかったなと思っていました。

＊　テッド・アレグレッティ……元アメリカNBCプロデューサー　一九五二年に来日し、NHKのテレビ放送全般《ぜんぱん》にわたって指導し、助言をした。

――まさに自分の子どもに本を読んであげたい、そういう思いでNHKを受けられた黒柳さんの思いと合致《がっち》したわけですね。

本当にそうでした。いまもそうかもしれませんけど、NHKは子ども番組をとっても大事にしていたので、私は子どもの番組にたくさん出ました。

特に「魔法のじゅうたん」は、小学生二人とじゅうたんに乗って、その子たちの学校の上まで行くんですよ。すると子どもたちが下から手を振《ふ》って、学校の名前を人文字で作って。まあ、いろいろなトリックがあったんですけど、本当はヘリコプターで撮っていたんです。

ときどきね、いま、道で、私より年下だなっていうおじさんにお会いすると「僕、小学生のとき魔法のじゅうたんに乗せてもらったんです。あのときは本当にじゅうたんに乗ったような気がしました」と言われて。

そういう夢のようなものをね、子どもたちに与えることができたと思うと、うれしかったです。

あれはね、ＮＨＫで最もいい番組って言われていたんですけど、東京オリンピックのときに、上から映すヘリコプターがオリンピックに使われて足りないからと、その番組は終わったんですね。

二年半やりましたけど、オリンピックがなければ、もっと続いていたと思います。本当にあれはいい番組でした。

——当時、テレビの放送はスタートしたばかりで、映画とかに比べると、どこか一段低く見られているような部分があったと聞いていますが。

ありました。「電気紙芝居」とおっしゃった方もいらっしゃって。

ただね、私がよかったのは、森繁久彌さんとか沢村貞子《さわむらさだこ》さん、森光子《もりみつこ》さん、乙羽信子《おとわのぶこ》さん、三木のり平さん、そういう大先輩《だいせんぱい》も、テレビという新し

「魔法のじゅうたん」が放送されていたのは1961〜63年。
全国の小学校から子どもを招き、
魔法のじゅうたんに乗って、空の旅を楽しむという番組。
ヘリコプターからの映像を当時の最新技術で合成し、
子どもたちに大きな夢を与えた。
「アブラカダブラ！」と呪文《じゅもん》を唱えると、
じゅうたんがふわりと浮《う》いて空を飛んでいく。

いところから「ヨーイドン!」で一緒にスタートラインに立って始まって、心を合わせて手をつないでいかなきゃできなかったですから。初めからそういう方たちと対等にお話ができて、生涯《しょうがい》のお友達になれたりした方もいたので、そういう点ではね、とてもよかったと思います。

私が初めてちゃんとテレビに出たのは、小学生向けの番組の司会でした。まだうちにテレビはありませんでした。そんな時代ですから。

ちょうどNHK前の喫茶店《きっさてん》にテレビがあったんです。で、たまたま父と母が銀座《ぎんざ》でごはんを食べるっていうんでね、内幸町《うちさいわいちょう》で私が終わるから、そこでテレビを見ながら待っているということになって。で私、終わって、「どうだった?」と聞くと、母は「うーん、よかったわよ。でもあなた、どうしてキツネのお面をかぶって出たの?」って言うんですよ。

私、司会をしているんですよ。キツネのお面なんてかぶって出ていないんですよ。でね、考えたら白と黒のコントラストがはっきりしすぎて、横の線を走査線《そうさせん》というんですが、テレビの画面にはっきり映ってる。だから鼻はとんがって、口は裂《さ》けている。髪《かみ》の毛《け》はとんがって、目も横に切れてて、キツネにしか見えなかったんだと思いますよね。母は最後まで、「キツネのお面をかぶっていたわよ」って決めていました。

◆倒れて気づいたこと

——ＮＨＫの女優《じょゆう》第一号としてスタートしてからは、一日もお休みはなしだったんですか？

私、ＮＨＫの専属でしたので、一週間で七、八本のテレビドラマに出て、ラジオも三、四本出てっていう、すごい時代でしたから。

五年くらい働いたときに、過労になって入院したんですよね。全部、生でしたから、どのディレクターも降りないでくれって言ったんですけど、お医者様が「死んじゃうよ」とおっしゃったんで、それでまあ病院に入ったんです。一カ月の入院でした。

その病院でテレビを見ていましたら、私が一生懸命《いっしょうけんめい》やっていた司会の番組に、ぜんぜん知らない女の人が出てて、「みなさん、こんにちは。今日から私がやります」って、それで終わりなんですよね。

「黒柳さんは一カ月たったら、いらっしゃいます」なんて、ぜんぜん言ってくれないの。そういうものか……。

そしてドラマでは、渥美清さんと夫婦をやっていたんです、私。その番組を見てたらね、渥美さんが出ていて、私は出ていないわけです、生ですから。「奥さんは？」って聞かれて、「あ、実家に帰ってます」。

それで終わりですよ……。「えっ、実家ってあったっけな？」なんて思う暇《ひま》もなく、私がいなくても、どんどん進んでいくんです。

そのとき、これで私が死んだら「実家に帰って死にました」で終わりだなと思いました。

この四角い箱の中だけの生活で、自分の一生が終わっちゃうのは大変なことだって思いはじめて、退院のときに院長先生に「私、死ぬまで病気したくないんですけど、どうすればいいのですか?」って伺《うかが》ったら、「こういう質問は、初めてだ」って。

でも、「自分が進んでやれる仕事だけをやりなさい」と。進んでやれる仕事をやっているとね、肉体の疲れは寝れば治る。だけど、嫌だな、嫌だなと思っている仕事だと、嫌な気持ちがたまっていく。

いまでいうストレスですね。当時はストレスという言葉はなかったです。五十年以上前ですから。

「自分が進んでやれる仕事だったら、病気にはならないと思う。でも、できるかな」って先生がおっしゃったので、それ以来、自分が進んでやれる仕事だけをやるようにしようと心がけて、ずっと仕事をやっていました。

以来、病気はしていません。

◆一年間の休業

――忙しいさなか、突然お休みを取りますよね。一年間休業してニューヨークに行かれる。これは、どういう気持ちの変化があったんですか？

仕事を始めて十五年くらいのときです。四十年くらい前の一九七一年。もう本当に、降《ふ》るように仕事があったんですね。ちょうど朝の連続テレビ小説「繭子《まゆこ》ひとり」もやって、たくさんお仕事があった。

でもね、ここで一回休んでみないと。学校を出てから一度も、今日は何をしよう、と思う日がなかったんですね。だから、ここで引《ひ》き込《こ》み線《せん》に入るように、ちょっと休んで、もう一回考えて、自分に才能があるのか。これから先、この仕事をやっていけるのかどうかを考えてみようと。

それで、知らない世の中も見てみよう。学校を出てわりとすぐ有名になったので、みなさんに甘《あま》やかされているから、まったくそういうことのないところに行って、暮らしてみようと。で、いろいろ探して、言葉の問題やいろいろあって、それから紹介《しょうかい》してくださる方があって、ニューヨークの演劇学校に行くことになって。ブロードウェイもあるし。

ありがたかったのは吉田名保美《よしだなおみ》さんという、当時、最もいいマネージャーがいてくれて。森光子さんに紹介していただいたんですが、よくわかってくれたマネージャーで、「きっと、それはね、あなたにとっていいことになると思いますよ。行ってらっしゃい」と言ってくれて、それは感謝していいます。そういうマネージャーがいてくれなかったら、やっぱり行けなかったですよね。一番忙しいときでしたから。

――一番忙しいさなか、自分がテレビに出なくなっちゃう怖《こわ》さ、みたいなのはなかったんですか?

ありませんでした。「帰って来て、仕事がなかったらどうするの?」って、ずいぶん言われました。だけど、十五年やってきて一年休んで仕事がなかったら、それは、私に才能がないっていうことでしょう。私の存在は、いらないっていうことでしょ。そう思ったので。

帰って来て仕事がなかったら、私は健康だから違《ちが》う仕事をやればいい。肉体も丈夫《じょうぶ》なので、何か違うことをやっても。そこで結婚《けっこん》っていう道は考えなかったですね。ほかの仕事をやればいいから、とにかく、いまの私には休みが必要なんだって。

でね、マスコミにたたかれると思ったんです。当時、休みを取っている人なんかいないんですから。ところがね、山岡久乃《やまおかひさの》さんと一緒にドラマをやっていたんですけど、「私たちの分まで休んでいらっしゃいね」っておっしゃってくださって。沢村貞子さんは「いいけど一年くらいだね。二年は長いかもね」っておっしゃってくださったし、森光子さんは「お小遣《こづか》いが足りなくなったら言ってちょうだいね」って、みなさんご親切に。

芸能界って意地が悪い人がいるとか、みなさんおっしゃるけど、そんなことはないなと思って。マスコミも親切な記事を書いてくれました。「じゃあ、行ってきます」って。それでまあ、ニューヨークにアパートを借りて、一人で生活をしてみようと思って。

——一人暮らしは、どうでした？

それはね、家にいたほうが楽でしたね。びっくりしました。だってね、本当にくだらないんですけど、演劇学校に行くのに、朝、りんごを食べて、むいた皮はテーブルにそのまま置いて、時間がないからバッと学校に行って、帰って来るでしょ。そこにりんごの皮があるのを見て「えっ、どうしたの、これ？」って。家では誰《だれ》かが片づけてくれていたでしょ。それがね、そこにあるのを見たとき、「ああ、一人暮らしって、こういうことなんだなあ……」と思ってね。当たり前ですよね、なかったら、もっと怖いかもしれないですけどね。

それからは、とっても一人暮らしが楽しくなったし、なるたけ外国の方とお会いするようにして。アメリカ文化を勉強したいと思いましたので。

——お芝居の関係っていうことですか、外国の方というのは。

ブロードウェイの芝居を毎日見るっていうのは、どういうわけだかあまりしなかったんですが、オーディションに合格するのがどんなに大変なことかとか、仕事がないってどんなに大変かとか。ブロードウェイで演劇学校に行っている人の九〇%、ほとんどの人が失業しているんですから。そういうのを見たりして。

それからキャサリン・ヘプバーンさんとか、それからヘンリー・フォンダさんとか、そういう方たちのお芝居なんか、いっぱい見たりしましたね。お会いもしました。そして、「ああ、みんな人間が大事なんだ」っていうことが、とてもよくわかって。

昔は、人間なんかどうでも芸さえよければいいというのが主流でしたね、私が若いころは。

でも、やっぱり人間が本当に優《やさ》しかったり、愛に満ちていたりしないと、いい俳優にはなれないってことが、いろいろな人に会ってわかってきましたね。どんな芸術家でも。変わった人もいっぱいいましたけど、やっぱり根底に深い人間愛とか、そういうものがないと、やっていくことができないんだなってことがわかったのは、本当に収穫《しゅうかく》で。

ちょうど三十八歳《さい》くらいでしたね。いい収穫でした。それから演劇の基礎から習えたのはラッキーでした。いま、すごく役に立っています。

女の人が悩《なや》んだりするのも、ちょうどそのころだって言いますからね。まあ、それはよかったと思います。

ニューヨークで、初めての一人暮らしの様子ですね。
1971年のことです。1年間の生活は、身になりました。
やっぱり、道草も必要なんだなって。
先の不安はあるかもしれないけど、
だめならだめでしょうがないじゃないのって思ってね。

第四章

情熱がなければ伝わらない

◆忘れられない番組

――これまで数えきれないほどの番組をおやりだと思いますけど、一番心に残っているとか、記憶《きおく》に残っている番組は何ですか？　聞かれがちの質問で答えにくいと思いますが、あえて伺《うかが》います、どうでしょう？

そうですね、印象に残っているといえば、NHKでテレビ放送が始まった二十五年目に、NHKホールで録《と》った番組に出していただいたんですね。ちょっと司会もしたりしたんですけど。

放送が始まったばかりのころの照明はライトが熱くて、毛があまりない落語家の方がお出になったら、毛が抜《ぬ》けたっていうくらい熱かったんですね。

で、バケツくらい大きな照明が、二十五年たってライターくらいの大きさになり、同じ光量でも、こんなに小さくなりましたって。二十五年で、技術はこんなに進歩するんだって。

じゃあ、番組の内容は、バケツがライターになるくらい、よくなっているのかって考えたときに、これは大変だなって思ったんですよ。もっと番組が深いもので、もっと意味のあるもので、もっと知的なもので、そして楽しいものになっているかというと、そうじゃないなぁと思って。そのことがとっても印象に残っているんですね。

それから、NHKの五十年目というときにも出していただきました。このときもすごく印象に残っているんです。これは十六時間の生放送。ご一緒《いっしょ》に司会したのはNHKのアナウンサー、三宅民夫《みやけたみお》さんです。そのとき三宅さんは、ちょうど五十歳《さい》だったんです。NHKのテレビ放送が始まったときにお生まれになった。あの方が生まれたころから私はテレビの仕事をやっているんだと思ったら、すごく驚《おどろ》いたんですね。

十六時間の生放送は、NHK始まって以来だったそうです。南極からの中継《ちゅうけい》とか、テレビ放送が始まってからの五十年、どんなことがあったか、そういうことをずっとやっていてね、最後のところにきたとき、司会をやってる三宅さんと私のところに紙が回ってきて、「アメリカのスペースシャトル、コロンビアが大気圏《たいきけん》に突入《とつにゅう》するとき、空中分解し、七人が犠牲《ぎせい》になった」というニュースが飛《と》び込《こ》んできたんです。

これから未来に向かってテレビは……という話のときに、未来の象徴《しょうちょう》のようなスペースシャトルが落ちたっていうニュースが。番組終了《しゅうりょう》まで、あと二、三分のところでした。

そのとき、人間っていうのはね、おごってはいけないって、本当に思ったんですよ。番組は切られずに終わりまでやったんですけど。日本は技術も発達してここまできました、と未来に向かっての話をするときだったんですけどね。人間は、おごってはいけないのだと。

どんなに技術が発達してもね、やはりその心の中のもの、悲しさとか、そういう何もかもふくめて人間は生きている、そういうものを大事にしなきゃいけないっていうようなことを一瞬《いっしゅん》にして思い知らされました。つくづく。それはもう本当に、忘れられない番組です。

◆司会者としての心構え

――黒柳《くろやなぎ》さんが担当される番組というのは、長寿《ちょうじゅ》番組が多いですね。「夢であいましょう」が五年。「音楽の広場」が八年。「ザ・ベストテン」は約十二年。長く続けていると、慣れが出るなんてことを言うんですけど、どうだったんでしょう？

慣れってないですね。私ね、同じことをやっているのが、ぜんぜん嫌《いや》じゃないんです。慣れるっていうことはあまりないんですね。いつも「今日、面《おも》白《しろ》いかもしれない」って思うんですね。

「ザ・ベストテン」は生放送でしたし。最初、あの番組の契約《けいやく》をするとき、絶対、放送局の意向で順位を変えないでほしいと、私は頼《たの》みました。

長年テレビをやっておりますと、放送局の都合のやりくりで、一位じゃない人を一位と言うのは、嫌だと思ったからです。ですから「本当に一位の人を、一位と言わせてください」と。ほかの音楽番組の司会も私はしていましたので、そういうふうにお願いをしたら、山田修爾《やまだしゅうじ》さんという方が「約束します」と。実際、大変だったらしいんですよ。

第一回の放送のときに、みんな山口百恵《やまぐちももえ》さんに出てほしいのに、十一位だったんです。「山口百恵が出ていないベストテンなんて、ないだろう!」って局の方から言われて、十一位を十位に上げたらどうだ、みたいなふうになっちゃうじゃありませんか。

そのとき、山田さんは断固として「百恵ちゃんは十一位なんですから」って。しかも、四位だったかに「レコーディングだから出られない」という人がいて、久米宏《くめひろし》さんが「お出になりません」って、ことわっている。だったら、そんな人やめちゃって、百恵ちゃんを入れたらいいじゃないか、っていう意見と山田さんは、ものすごく闘《たたか》って。私との約束だからって。

毎週、一位から一〇〇位までの順位を、私たちに見せてくださったんですね。東京のTBSに来たベストテンのはがき、有線放送、レコード売り上げ、日本中のTBS系のラジオ番組のベストテン、その四つの要素を入れて点数を出していますから、嘘《うそ》のことをやったらみんなにわかっちゃうんです、計算すればね。それが一切《いっさい》ないようにお願いして。見ていらっしゃる方にも、本当なんだって伝わった。いま一番みんなが見たいのは、この人なんだって。自分が応援《おうえん》したかいがあるとか。そういうことで、ベストテンの人

写真提供：ＴＢＳテレビ「ザ・ベストテン」

「ザ・ベストテン」(1978～89年)は、人気のヒット曲を、
さまざまなデータから集計し、
トップ10のゲストをスタジオに呼んで歌ってもらう生放送番組。
約12年続き、最高視聴率《しちょうりつ》は41.9%を記録した。

気っていうのは、本当にあったんですね。

——番組を制作する側としてみれば、あらかじめ決まっていないと、ゲストをいつ、どうやって呼ぶとか、そういうことができないわけでしょ。「今週の八位は、○○さんです!」って言っても誰《だれ》も出てこないとか、ありましたよね。

テレビに出たくないという方が、あのころいらしたんです。だから久米宏さんが「今日はテレビに出たくない、とおっしゃっていまして、申し訳ございません……」と、全部謝《あやま》ってました。

でも逆に、見ている方には、そうなんだって。だんだん、みなさんが出てくださるようになっていったんですね。

そして、本当のことをやってる、って見てくださる方が。

――生の説得力みたいなものを感じました。

はい。それと、普通《ふつう》はちょっと話をしないようなその日のニュース。ちょうどロッキード事件の裁判が始まったころで、新しいニュースが入ってくると、それをどんどん言ったりして。

で、久米さんには「あなた、局のアナウンサーだから言わなくていいのよ」「いいんですよ、言っちゃったって」って。途中《とちゅう》から久米さん、フリーにおなりになりましたけどね。まあ、ずいぶんいろいろなことを。風刺的《ふうしてき》なことも言いました。たくさん若い人が見てくれているんで。

その中でできたことは、あるとき、シャネルズがね、顔を黒く塗《ぬ》って出ていたときに、地方からの中継のとき、お母さんが言ったからでしょうけど、「黒人のくせに、なんでフランスの香水《こうすい》の名前なんかつけているんですか？」って子どもが言ったの。

そのときにね、「ごめんなさいね、いま、あなた、『くせに』って言わなかった？　そういうふうに、なんとかのくせに、とかって言うのはね、言わないでほしいの」って言ったのね。

「あなたは、たまたま言っちゃったのかもしれないけど、みんなもそういうふうに思ってね、区別をしないように。みんな一緒なんだから人間は」って言ったんです。トットちゃんの学校で「みんな一緒だよ」っていうのを、ずっと教わってきましたから。久米さんも「黒柳さんが泣いて言ってますから聞いてあげてください」って援護してくださって。

そのときはそう思わなかったんですけど、そのあとで、ずいぶんいろいろな方からお手紙をいただきまして、「〇〇のくせにと言われて、ずっと差別されてきたけど、あのとき、本当にうれしかった」と。若い人がいっぱい見ている番組では、そういうことも必要だなって思ってね。視聴率が高いとね、そういうことができてよかったです。

それと楽しい音楽。そのとき一番ヒットしているものといつも一緒に、十二年間いられたのでね。

――黒柳さんは、ベテランの方であろうと若手の方であろうと、非常に丁寧《ていねい》な言葉遣《ことばづか》いをされていますよね。いまもそうですが。

番組が始まるとき、久米さんと何も決めていなかったんです。ただ、私と久米さんは、なんだか価値観が同じだなと思ったので、ほかのことは約束しなかったんですけど、「どんなにその歌手の方が若くても、歌が上手じゃなくても、何万人の中から選ばれてベストテンにいらっしゃるんだから、私は敬語を使います」と言うと、久米さんも「じゃあ僕《ぼく》もそうします」と。で、どんなことがあっても私たちは敬語を使って、よく来てくださいました。あなたが来てくださったことが本当にうれしいです。そういう立場で司会をしました。

私、本当にそう思っているんですよ。こんなに人がいる中から、そこにいらっしゃることが、どんなに大変かということをわかっているので。やっぱりね、その方を尊敬して、そういうふうにおもてなしをする。歌いやすくする、気持ちが開く。そして、さあ歌ってくださいって。

「ザ・ベストテン」が終わったのはですね、歌が長くなっちゃって、ほとんど「いらっしゃいませ、さあ歌ってください」ってなっちゃって。トークの時間なしです。それで、もうちょっとやめるしかない、みたいになって終わったんですけどね。

でも、敬語を使ってお話しする、それをわかっていただければね。小さい子どもたちにも、ああいう方たちには、そうやって接するものだと、わかっていただきたい気持ちもあったんですね。

「おい、よく来たな」「おまえ、待ってたぜ」って、言えって言われれば言えないことはないですけど、やっぱり、「よくいらしてくださいました。うれしいです。お待ちしていました」っていうふうにね。

――そういう作り手のスタンス、自分にも二重、三重の、ある種、かせをかけてというか、はめてというか、そういう態度、姿勢が、やっぱり番組の姿勢につながっていくということですね。

ええ。それとやっぱり、自分が本当に好きかどうかということですよね。この番組を好きかどうか。どうでもいいけど、「頼まれたからやるんだ」みたいなことでは。

テレビが始まって、すぐのころ、そういうことがいっぱいあったんです、テレビに。もうみんな忙《いそが》しくなって、出る人の数が少なかったですから。湯水のように毎日テレビに出て。「本当は、こんなの出たくないんだけど、頼まれたからしょうがない」っていうふうにして出る人もいたんです。

「そんなの絶対よくない！」と思ったんですよ。私はしなかったですけど。だって見ていらっしゃる方はご存じないんですから、そんなこと。出していただくからには、やっぱり全力でこの番組が好き、というのでなければ。

それからさっきお話ししたように、「本当に自分が進んでやれるものをやっていれば、病気にはならない」ってお医者様がおっしゃったんですから、そういうふうにしようと思って。自分が好きなものしかやっていないですから。全身全力で、どうぞ見てくださいと。

それから私は、子どもに絵本を読んであげるお母さんになろうと思ったくらいですから、子どもにも見せられる番組、これはいつもずっと考えていましたね。理解するか、しないかは別として、子どもにこれは見せていいだろうか、と。ですから子どもには、ちょっと恥《は》ずかしいけど、まあいいか、っていうような番組には出ていないです。これはね、何もほかに誇《ほこ》れることはないですけど、子どもに見せられる番組だけに出てきたっていうことはね、五十八年、それはよかったなと思っています。

◆ゲストへの向き合い方

——今年（二〇一一年）三十六年目に入りました「徹子《てつこ》の部屋」は、ギネスにのるくらいの長寿番組になっていますね。その大記録である「徹子の部屋」でも、「ザ・ベストテン」と基本のスタンスは一緒と？

そうですね。「徹子の部屋」を始めるとき、局の方に私が申し入れしたのは、生放送と同じにやってください。一切、編集はしないでください。編集すると雑になる。面白いところだけ残したら、その方がどういう方だかがわからなくなる。一週間にいっぺんの番組ならいいですけど。

編集するっていうことになれば、プロデューサーはここを残したい、私はここを残したい、ゲストはあそこをカットしてほしいって、そうなるから生放送と同じにお出ししますと。それでずっとやってきたんですけど。

私ね、この間考えて、すごいなと思ったのは、日本は契約の社会じゃないですよね。その三十六年間、ゲストの方で、ただの一人も当日いらっしゃらなかった方はいないんですよ。これはね、やっぱりすごいと思いますよ。雨が降《ふ》ろうが、風が吹《ふ》こうが、ちゃんと来てくださるっていうことがね。

この間スタッフのみんなと話をしていて、日本人は、そういう信頼《しんらい》関係を大切にし、マネージャー、会社を信頼してお願いをしている。それが何事もなくですよ。私もそうですけど、ゲストの方も、当然のように来ていただけた三十六年なんですよ。これはやっぱりね、みなさまのおかげです。それと、ついていたとしか思えません。

そして、普段《ふだん》どんなに話をなさらない方でも、「徹子の部屋」では、ちゃんと話をしてくださるっていうことがね。それは私、ゲストを信頼していますから。嫌だったら、お引き受けにならないだろう。で、引き受けてくださった以上は、「話していただけるんですね」って、思っています。

――なかには、三日に三言のような無口な方もいらっしゃるんじゃないですか？

いらっしゃいますけど、やっぱり話していただけますね。

――生放送のつもり、とおっしゃっていましたけど、そうすると、時間は大体限られていますよね。三十分、四十分と。その中で無口な方から話を引き出すというのは、相当、忍耐《にんたい》のいることだと思いますが。

忍耐というよりはですね、私、そこは女優《じょゆう》でよかったと思うんですけど。その方がじっと黙《だま》っていらっしゃるときに、これは話す気がなくて黙っていらっしゃるのか、嫌なのか、何か、いい答えを考えていらっしゃるのかっていうのは、その方の目を見ているとわかります。

その例に出していいかわからないんですけど、高倉健《たかくらけん》さんに出ていただいたとき、まあ、ずっと話してくださっていたんです。

高倉さんは故郷を出て、女の方を追いかけて東京に出ていらしてね。で、お金がなくなって、本当に嫌だと思ったけど、どうしても俳優をやるしかなくて、おしろいをつけたときに涙《なみだ》が出たって。「でもね、やっぱりそのときは金が必要でしたから。いまも必要ですけど」って、おっしゃったんです。

そこで、「いまも必要っていうのは、どういうときに?」って伺ったら、「そうですねえ……」っておっしゃって高倉さんが、一分以上ですね、黙っていらしたんですよ。これがラジオだったら事故になりますけど、テレビはお顔を映しているので。

そのとき私は横から見ていて、高倉さんという方は、映像でもつ方ですから、それで、これは絶対話してくださるのを、考えていらっしゃるんだって。一分か二分か覚えていませんが、相当、待ちました。

そうしたら「……やっぱり、幸せの追求のためですかね」っておっしゃったんですよ。そのときにぴったりのお答えだったんです。みんなが、「おお!高倉健!!」って、お喜びになるような。だから、そういうふうに待つってことも、やっぱりとても大事です。

あまり相手を見ていないで質問しちゃうっていうことがあると、どんどん、ちぐはぐになっちゃうんですね。だから待つときは待つ。そのためのスタッフとの打ち合わせであってね。

ただね、もう、ここは飛ばしていいっていうところは、私が説明しちゃって飛ばし、重要なところだけ、お話を伺うようにするときもありますね。

——拝見していて、たまに黒柳さんがずいぶんとお話しになっているなと。インタビューの質問よりも、長いなということがあるんですけど、それはそういうときなんですか？

そうです。そのことを伺っていたら時間内に入らないから、そこは私が言っちゃって。「なぜそのとき、あなたはそうだったんですか？」ということが、一番、話していただきたいことなんですね。
だから、いろいろなプロセスは、私がお話ししちゃったほうが早い。ずっと伺っていると、そこにいかないうちに終わっちゃう。そのための下調べなんで。ちょっと失礼ですけど、私が話させていただいて。それで一番話してほしい、ご本人じゃなきゃ話せないところ。そこをお話ししていただくっていうふうにしているんですね。

――そういう大変さはあるけど、でも、やっぱり生放送がいいと？

絶対ですね、それは私、生放送が好きですね。

――生放送を前提にした収録であっても、ということですね。

ええ、そうです。だからカットしたことは、ほとんど一〇〇%近くないです。そのまんま。編集したくないっていう私の気持ちは、そういうことからだったんですけど、いまになってみると、ゲストの方がほかでは話さないことを「徹子の部屋」では話す、とおっしゃるのは編集しないから。編集しちゃうと局の思惑《おもわく》とか、そういうふうになっちゃうじゃないですか。話したいことを、本当に話させてくれるっていう信頼感ですね。

そういうことがあって、みなさん、ほかでは話さないことを話してくださるんだっていうことがわかったので、編集をしないと決めたことは、よかったなと思いますね。

洋服を毎日変えるのはどうしてだっていう話がよくあるんですけど、あれはね、最初のころ、同じ洋服だっていいじゃないかと思っていたんです。

ただ、耳の聞こえないデザイナー志望の方からお手紙をもらってね。「私、デザイナーになりたいので、毎日あなたの洋服を見て勉強しています」っていうのを読んで、「大変！」って思って。やっぱり、そういう方がいらっしゃると。

それからお父様の介護《かいご》をずっとしていて、「あなたのお洋服が楽しみです」というお手紙なんかいただいて、できる限り洋服は違《ちが》うものを。靴《くつ》や何かは同じことがあるんですけど、ゲストの方に、あなた様にこの洋服を今日、用意してまいりました、っていうふうな態度をお見せする。頭もグチャグチャ、洋服もグチャグチャで、さあ話してくださいって言っても、それはなかなかねえ。

男の方で、ちょっとお口が重そうな方のときは、この方の奥様《おくさま》はどんなものをお召《め》しだろうって想像して。あまり突飛《とっぴ》なものだと、びっくりなさるといけないから。

お洋服は全部自分で考えて着ているんです。そうすると相手の方も、あ、自分のために着てくれているとかね。そんなことでも、心を開いてくださるきっかけになると思います。

それから、どんなに親しい方でも下調べをしてもらいます。どんなに親しくても、なあなあにならないように、そこはね。まあずいぶん、なあなあな人もいますけど、でも、やっぱりそこはちゃんと尊敬しているっていうことを表す感じで。そういうふうにして、面白いお話を聞く、というのが、やっぱり大事だと思います。

――延べにすると九千人を超《こ》えるゲストですよね。たくさんの人と接してこられた黒柳さんから見て、人を惹《ひ》きつける魅力《みりょく》を持っている人に共通した部分とは、どうなんでしょう？

やっぱり、生き生きしていらっしゃる方ですね。それから、やっぱり自分の仕事が好き、いまやっていることが好きという方だったり、ユーモアがある。「徹子の部屋」に来てくださるような方々は、何かそういうものを、みなさん、持っていらっしゃるから長続きしているって言えると思います。

◆自分への問いかけ

私が「徹子の部屋」をやってわかったことはですね、自分が選んだ職業ではなくて、何かの加減でこうなっちゃったっていう方が本当に多いということですね。

歌舞伎《かぶき》の方たちとか伝統芸能の方は別ですが、いまの若い方はテレビをご覧になって、「こういう人になりたい」っていうことでなっていらっしゃるんですけど、昔の方は、戦争や何かがあって、もう食べていけない、何かないかなと思っていて、俳優になった、とか、そういうのは枚挙《まいきょ》にいとまがないです。

たとえば三國連太郎《みくにれんたろう》さんは、戦争から帰って来て仕事もないし、お金もないので学校のときのお友達がね、ペニシリンか何かの会社を、築地《つきじ》の向こうでやっている。そこの会社に入れてもらえないかと思って行く途中、信号待ちをしていたんですって。

松竹《しょうちく》が後ろにあって、そうしたら松竹の木下恵介監督《きのしたけいすけかんとく》が、主役がいなくて探していて「あなた、俳優になりませんか？」と言われて、「月給いくらです？　あっちでもらえそうなのよりも、高ければ行きます」と答えたら、「もっと出すから」って言われて、俳優になったとかね。

三船敏郎《みふねとしろう》さんも仕事がなくて、カメラをやったことがあるからカメラマンを募集《ぼしゅう》しているそうだからと聞いて東宝《とうほう》に行ってみたら、「やっていないから、ニューフェイスに行ってください」って言われて、ニューフェイスに行って。で、「笑ってください」とか言われたけど、「そんな、笑えって言われたって笑えない」で、もうだめで帰ろうと思ったら、その中の監督のお一人が、ちょっと呼《よ》び戻《もど》してって。

三船さんは駅でね、来た電車に乗らなかったんですって。それでね、どうしようかなと思っていたら「もう一度、戻ってください」って言われたんです。あのとき電車に乗っていたら、いまの三船敏郎さんはなかった。そういうふうに何か不思議な、自分がなりたくてなったわけじゃない、けれどなっちゃったっていう方が多いんですね。

だからね、「これでいいだろうか……」って、私、自分がそうだったからわかるんです。自分に才能はないいんじゃないかとか、できるかなって、そういう疑問があって。

本当にスターになりたくてなったわけじゃないものだから、やっぱりこれでいいのかなっていうのがいつもあって。そういうものがあったほうが案外長く続くっていうことが、「徹子の部屋」をやってわかりましたね。

——たくさんの方の中で、たとえば徹子さんの心をググッとわしづかみにするような男性との出会いはなかったんですか？

個人的に？　それはね……、個人的っていうか、……長谷川一夫《はせがわかずお》さん。私、初めて見た日本映画で、なんてきれいな男の方だろうと思ったのが長谷川一夫さんで、ゲストにいらっしゃったとき、「てっちゃん」っておっしゃって。

そういう、色っぽい目つきはどうするのかって私が伺ったらね、その伺っているときにですよ、「え？」ってふり向いたら色気がないけど、「ん？」っ

写真提供：テレビ朝日「徹子の部屋」

銀幕《ぎんまく》のスターとして一世《いっせい》を風靡《ふうび》した、長谷川一夫さんを迎《むか》えて。
1978年「徹子の部屋」にて。

て、「ええ？」って横目でやると色気が出るとかお話しになったら、私の手をバッとつかんで、「てっちゃん」って。

「これだってこういうふうに、手をつかんだら色気がないけど、てっちゃんって、こういうふうにつかんだら色気が出るだろう」っておっしゃってですね、「僕くらいの年にならないと、君の色気はわからないけど」と。

「本当に、君は色気があると思う」っておっしゃってくださったとき、もう本当にね……スクリーンで見ていた長谷川一夫さんですからね。その長谷川さんとこういうふうに、ましてや、その方から色気があるなんて。「みなさん、私ね、長谷川一夫さんから、本当に言っていただいたんですよ！」なんてテレビで言っちゃったくらいなんですけど。そういう瞬間《しゅんかん》ね、やっぱり、すごくうれしいことがありました。

――放送劇団に入りたてのころなんか、本当にかわいらしいでしょ。黒柳さんに言い寄ってくる人がたくさんいたんじゃないかと、みんなで言っていたんですけど。

そうですか。それは、ＮＨＫの職員の方でも結婚《けっこん》を申《もう》し込《こ》んでくださった方もありました。ほかにも結婚しようと思った人もいました。私は仕事のほうが好きだから結婚しないっていう人間じゃないんですね。やっぱり、そっちのほうがいいだろうと思ったら結婚するつもりだったんです。

ただね、こういうものって本当にご縁《えん》っていいますかねえ。まあ、決心がつかなかったっていうことも、たまにはあるんですけど。お見合いも何度かしました。

でもね、一度、結婚しようと思った人が、こう言ったんです。

「君が家でおみおつけを作って待っていると思うと、仕事をしていても、なんだか早く帰らなきゃならないような気がして、何か落ち着かないみたいな感じがする」と。

それから「君がね、僕の税金がどうとかって、そんなことをするよりは、君も、もうちょっと仕事をして、自分がどういう人間かわかったほうがいいんじゃないの？」とか言われて。

私のこと、よくわかってくださった方なんです。

私もそうだなって。そのときも、結婚を逃《のが》してしまったんですね。そのときに結婚していたら、どうなったかわからないんですけど。確かにそうだって思ったのでね、結局、結婚しなかったっていうことがありました。

それから国際的に申し込まれたこともあるんですよ。ただ、国際結婚は仕事をやめればいいですけど、「徹子の部屋」みたいに長くやっているものがあると、どこに住むのかとか、仕事をどうするかってなっちゃうと、なかなかうまくいかないですね。そういうこともいろいろありまして、なんだか結婚しないで今日まできてしまいました。

――いきなりの質問で本当に申し訳なかったんですけど。でも、子どもにいい本を読んであげたいっていうことが、そもそものスタートだというのが引っかかっていたものですから。

ええ。私もお母さんになろうと思っていましたから、自分だっていつも結婚を。いまだって結婚しないって決めたわけじゃないんですよ。どなたか「どう？」っておっしゃってくださったら、よさそうだったら、一緒に茶飲み友達でもいいから一緒になったらいい、と思ってます。

ただね、私くらいの年の男の人だとね、なかなか大変なんですよね。なんというのかしら、みんなが「すぐ介護だぞ！」とか言うの。私、年上の人が好きだったんです。ものを教えていただけたりするから。

じゃあ、十歳下っていうとね、そんなにチャンチャン、何かやってくれそうもないんですよね。チャンチャンやってくれそうだっていうと、二十歳くらい年下ってことになると、なかなか結婚するっていうようなチャンスみたいなものも……、何かやっぱり、まあこのままずっと……。

昔ね、山岡久乃《やまおかひさの》さんと池内淳子《いけうちじゅんこ》さんと私の三人で老人ホームへ入ろうって決めていたんですよ。山岡さんがごはんの支度《したく》を全部してくれるっていう約束で。池内さん、ぜんぜんごはんがだめなの。

——お味噌汁《みそしる》が似合うイメージですが。

お味噌汁ができていないと機嫌《きげん》の悪い人なの、あの人はね。でも、あの方は和《なご》ませるタイプ。私はみんなを笑わせたりして。お洗濯《せんたく》もごはんも山岡さんがしてくれると言って。三人、そういうつもりだったんです。

ところが山岡さんが、本当にあっという間に亡《な》くなって。池内さんと、ごはんを作る人どうする？　って。「私のほうがまだいいと思うわよ」とかって言っていたんですけど、池内さんも亡くなって。私一人になっちゃって、だから、もう老人ホームの話はないかなって。

第五章

人間はみんな一緒なんだよ

◆子どもたちへのまなざし

――ユニセフの活動も長いですよね。

はい。一九八四年からです。この地球には、本当に苦しい生活をしてる子どもたちがいてね、年間一四〇〇万人もの子どもが、なんの手もかけられずに死んでいくというようなときだったんですね。

インドで子どもが死ぬ一番の原因は、破傷風《はしょうふう》だったんですよ。予防接種一本でかからないですむのに。それで、死にかけている破傷風ばかりの子どもがいる病院に行ったんですね。貧しい子が行く病院に。

そうしたら、みんな高熱が出て、下がらないから体がやせちゃって、手当てをしていないから、そのまま死ぬっていう感じです。あと筋肉が硬直《こうちょく》して光が当たると痙攣《けいれん》を起こして、体がそっちゃうという病気です。だから部屋を少し薄暗《うすぐら》くしたりして。

それで十歳《さい》くらいの男の子だったんですけど、大きな目を開けて、私のことを見ていたんですね。かわいい目で。私、小さい声で、「あなたね、お医者さんも一生懸命《いっしょうけんめい》やってくださっているから、あなたも元気でがんばってちょうだい」って言葉をかけたんです。

そうしたらね、「ウウウー」と、のどの奥《おく》で何か言ったんですね。全身の筋肉が硬直しちゃって、ものも言えないんだっていうことがわかったんですね。看護師さんに「なんて言ったんですか？」って聞いたら、「あなたのお幸せを祈《いの》っています」と言っていますって。死にかけている子どもがです。そのときにね、なんて子どもって清らかなんだろうって。自分が死ぬくらい苦しいのに、自分に優《やさ》しい言葉をかけてくれた人に、「あなたのお幸せを祈っています」なんて、これ、子どもじゃないと言えないなって思ったんですよ。

最初に行ったタンザニアでは、村長さんが「黒柳《くろやなぎ》さん、これだけは覚えて帰ってください。大人は死ぬとき、痛いとか苦しいとか、いろいろなことを言うけど、子どもは何も言わないんです。まわりの大人を信頼《しんらい》して死んでいくんです」って。

私、子どものことをずいぶんわかっていると思っていたのに、子どものことをわかっていなかったなって。それは初めのころだったんですね。だから、子どもたちのために働く仕事をずっとやっていこうって思いました。

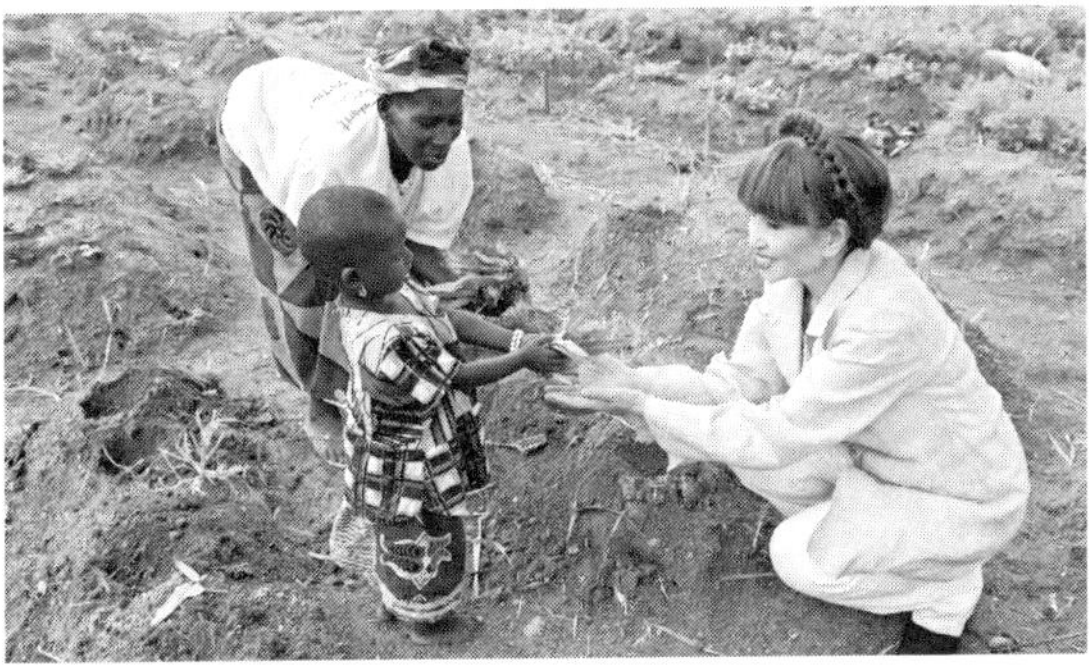

©UNICEF/NYHQ2006-0723/Brioni

コートジボワールにて。1984年にユニセフ親善《しんぜん》大使就任後、
内戦や貧困に苦しむ世界各地を訪《おとず》れて、現地の子どもに会う。
見てきた現状を報告し、
子どもたちは何を必要としているかをうったえ続けている。

©UNICEF/nepal2009

ネパールにて。子どもたちがどんな暮らしをしているかを
みなさんにお知らせするのが親善大使の役目です。

――おでかけになる場所が、干《かん》ばつとか、内戦とか、殺戮《さつりく》の嵐《あらし》とか。道を行けば地雷《じらい》がある。そこまでして行かれる、これはどうしてでしょう?

ユニセフという国連児童基金から任命されたことが一つはあります。もう一つは、私がそういうところに行って、それを報道することによって、みなさんがちょっとでも関心を持ってくだされぱいいじゃないかって。人間って生きているときに、一人でも二人でも、人間を助けることはなかなかできないですよね。そういうことで、少しでも子どもたちのことを知ってもらって、子どもたちのためになる。そういうことのために働ければ、と思っているので。あんまり大変って思わないんですよ。

――怖《こわ》いだとか、ためらう気持ちだとか、ってないですか？

何かあったら、そのときはそのときでね。戦争を通ってきた人間って、そういうところがあります。

いつ死ぬか、わからなかったんですから、小学生のときから。それとやっぱり、飢《う》えたこともあります。私も栄養失調でしたから。それから親のいないのがどんなにさびしいかとか、そういうことがわかるので。

こういう子どもたちを見て、やっぱり少しでもね、子どもたちと親善するのも、親善大使の役目ですから。

――先ほどお話を伺《うかが》ったトモエ学園での校長先生とのやりとり。「やってあげなさい」ではなくて、「みんな一緒《いっしょ》なんだよ」という。まさにこのユニセフの活動も一緒ですね、スタンスが。

ええ、ユニセフで行くときも、みんなで一緒に、やっていきましょうという気持ちですから。

――トットちゃんの中に出てくる「みんな一緒だね！」というあの目線ですね。上から何かやってあげるんじゃなくて一緒に。

そうです、本当に、一緒にやっていくということが大事だと思います。
それから、自分のできる範囲《はんい》内でやることも大事なんですよね。
すごいことをやっちゃってもいいんですけど、継続《けいぞく》してやっていくことができないと。

東日本大震災《だいしんさい》の場合は、ものすごい長い間みんなでやらなきゃいけないですから、やっぱり継続してやっていくということが大事だと思っています。すごい活動をしなくても、ずっと長く活動ができればいいと思っています。

◆テレビへの期待

――長い間、テレビにかかわってこられた黒柳さんですが、今後、テレビというただの箱にするのか、中身のあるものにするのかで、ずいぶん違《ちが》ってくると思うんですが、どんなふうにテレビの将来を考えていらっしゃいますか?

そうですね。テレビはなくなるんじゃないか、という方もいらっしゃるんですけど、私は当分なくならないと思うんですよ。

本当のことを言うとね、昔は家に一つしかなかったから、みんなでそのテレビを囲んで、ああでもない、こうでもないって言いながらみんなで見た、あの懐《なつ》かしい会話ですよね。そういうものがあればいいのにと思うんです。自分の部屋で見たり、インターネットを見ているんじゃなくて、お話をしながら一つのものを見るっていうような。

ただ、これからはテレビの質をよくしていかなきゃいけない、と思っています。やっぱりそれは、作り手みんなで。一番難しいことですが、「視聴《しちょう》率《りつ》が上がるから、これくらいでいいだろう」って、そういう考え方は、うまくいかないと思うんですよ。

私が考えているのは、子どもが理解するかどうかは別にしても、子どもに見せられるか。

――自信を持ってですね。

そうです。それから、赤ちゃんや子どもをテレビの前に座らせて、用事をしているお母さんがいますよね。ですから、そういう小さい子どものために、うんとお金を使った番組が必要ですよね。

子どもにとって初めて見るもの、それが美しいものであってほしいと思うんですよ。きれいで美しい、本当にビロードのような子どもの心。

そこにザラザラした粗《あら》いもの、血なんかダラダラ出るような、そういうものを子どもには見せないで。私たちはそれが本当のものじゃないって知っていますけど、子どもはわからないんですから。

子どものための美しいものを見せてあげる。また、面白《おもしろ》いものを子どものために見せてあげる番組を作ってほしい、とすごく思います。

――「いつも一緒だよ」という目線があるかないかで、中身が変わってきますね。

ええ、そうです。それで、できれば面白くて、知的要素もあり、深みのある、厚みのある、見てよかったと思える番組がいいですよね、当たり前ですけどね。

私、ドキュメンタリーなんか大好きでね、いいドキュメンタリーは本当に時間をかけて撮《と》ってあって、面白いですもんね。そういうものを、とても好きで見るんですすけど。みなさんがそんなふうに思って、投げ捨てないで、テレビをお作りになっていただくことを願うし、テレビに出る人も、そういうふうに思って出ていることが、必要じゃないかなって思うんですね。

いま、私たちは外国のいろいろなニュースを見ることもできるし、それが本当かどうかは別にしても、どんなことになっているのか、ある程度、だいたい見当はつきますよね。しかも、それを映像で見ることができるんですから。その中で判断して、本当の平和をテレビがもたらすことができれば、それはすごくうれしいと思います。

――テレビにかかわる人間が、ハードだけではなくて、むしろソフトの部分で、よりよいものをどこまでできるかですよね。そこにかかってくる。

まあ機械がどんなに進んでも、やっぱり心優しいもの、人間は最後は、愛とか優しさとかを望む。

私、ユニセフで会いにいった子どもたちを見て、いつも思うんですよ。死にかけている子どもたちも、いっぱいいました。それで、ずいぶん子どもを抱《だ》きました。お薬とか食べ物がなくて死んでいく子どもたちもいますけど、どうせ死ぬんだったら誰《だれ》かに抱かれて死にたいだろうって、いつも思うんですね。

一番大事なのは愛だって、いつも思っているんです。食べ物や薬と同じように、子どもたちは愛を求めていると思うんです。

ですから、やっぱりそういうことでは、テレビというものは愛をいっぱい持った番組を、ぜひ作っていただきたいと、NHKにもお願いしたいと思いますね。

――「いつも一緒だよ」は、イコール愛ですね。

結局、ヒットしている映画だってなんだって、最後はやっぱり愛ですよね。人間というのは愛なしでは生きていけないと思うんですね。愛は強いです。それはね、いろいろなことができるんですから。やっぱり。ぜひそれを忘れないで、私もやっていこうって思っています。

一番大事なのは、愛があるということ。

一〇〇年後のみなさんへ

一〇〇年後も、こんな頭をしている人がいるんでしょうかね。まあ生きて、そのときを見たいと思いますけど。

一〇〇年後、私が希望することは、世界中の子どもたちがみんな安心していいお水が飲めて、草むらに行っても地雷《じらい》がなくて、ちゃんとした教育が受けられて、みんな希望を持って生きていけるような世の中になっていれば、どんなにいいだろうと思います。

私がユニセフの親善《しんぜん》大使になった三十年前は、年間一四〇〇万人の子どもが地球上で死んでいました。それが、いまは六三〇万人に減っています。

一〇〇年後には、もっと減っているだろうと、私は信じています。

それから、日本の子どもたちも大きな希望を持って、みんな生き生きと生きていける世の中になっていることを本当に望みます。

そして、もちろん世界中が平和なことを望みます。

誰《だれ》にも、おそろしいことが起こることなどないことを望みます。

一〇〇年後の世の中がどうなっているかを予想するのは、難しいですけども、どんなことがあっても平和で、子どもたちが住みやすい世の中に。

テレビもそういうものを放送していただきたいし、いまよりもっといい番組を放送してほしいと思います。

まあ、私も一〇〇年後それを見たいと思いますけど、一〇〇年後、ちょっと無理だと思います。ですからみなさん、よろしくお願いしますね。

若い人たち、一〇〇年後、すばらしい世の中にしてください。

お願いしますね。

黒柳徹子《くろやなぎてつこ》

番組制作：ＮＨＫアナウンス室
「100年インタビュー」制作班

インタビュー：石澤典夫アナウンサー

編集協力：水野恵美子

写真提供：吉田事務所

写真協力：株式会社オフィス・トゥー・ワン
株式会社八大コーポレーション
ユニセフ東京事務所

著者紹介

黒柳徹子（くろやなぎ　てつこ）

東京生まれ。東洋音楽学校（現・東京音楽大学）声楽科卒業後、NHK専属のテレビ女優第1号として活躍する。1976年にスタートした「徹子の部屋」（テレビ朝日系列）の放送は、同一司会者によるトーク番組の最多放送回数世界記録を更新中。1981年に刊行された『窓ぎわのトットちゃん』は、国内で800万部、世界で2500万部を超える空前のベストセラーとなっている。2023年には、その続編となる『続 窓ぎわのトットちゃん』が刊行された。1984年からユニセフ親善大使となり、延べ39カ国を訪問し、飢餓、戦争、病気などで苦しむ子どもたちを支える活動を続けている。

本書は、NHK BSプレミアムにて、2011年8月6日に放送された番組「100年インタビュー／女優・黒柳徹子」をもとに原稿を構成し、2014年8月にPHP研究所から刊行された『本物には愛が。』を改題し、文庫化したものです。

PHP文庫　本物には愛がある

2024年3月15日　第1版第1刷

著　者　　黒柳徹子
発行者　　永田貴之
発行所　　株式会社PHP研究所
東京本部　〒135-8137 江東区豊洲5-6-52
ビジネス・教養出版部　☎03-3520-9617(編集)
普及部　☎03-3520-9630(販売)
京都本部　〒601-8411 京都市南区西九条北ノ内町11
PHP INTERFACE　https://www.php.co.jp/

組　版　　有限会社エヴリ・シンク
印刷所
製本所　　図書印刷株式会社

 ISBN978-4-569-90390-3

PHP文庫

養老孟司の人生論

養老孟司　著

私の人生では「新しい」こと、つまりまだ済んでないことがあります。それは死ぬことです――死から宗教まで自身の考えを綴った一冊。